記憶にであう

中国黄土高原 紅棗《なつめ》がみのる村から

大野のり子 著・写真
OHONO Noriko

未來社

記憶にであう——中国黄土高原　紅棗《なつめ》がみのる村から　目次

イラスト：春日井誠
装幀：大胡琴美

中国・山西省周辺地図

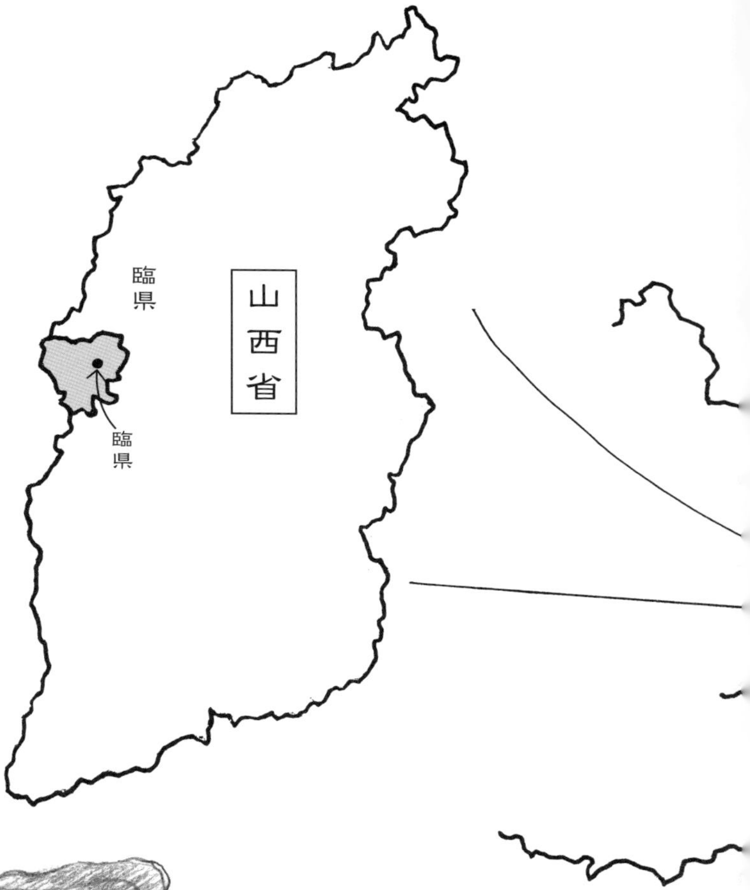

※臨県拡大図は8Pに

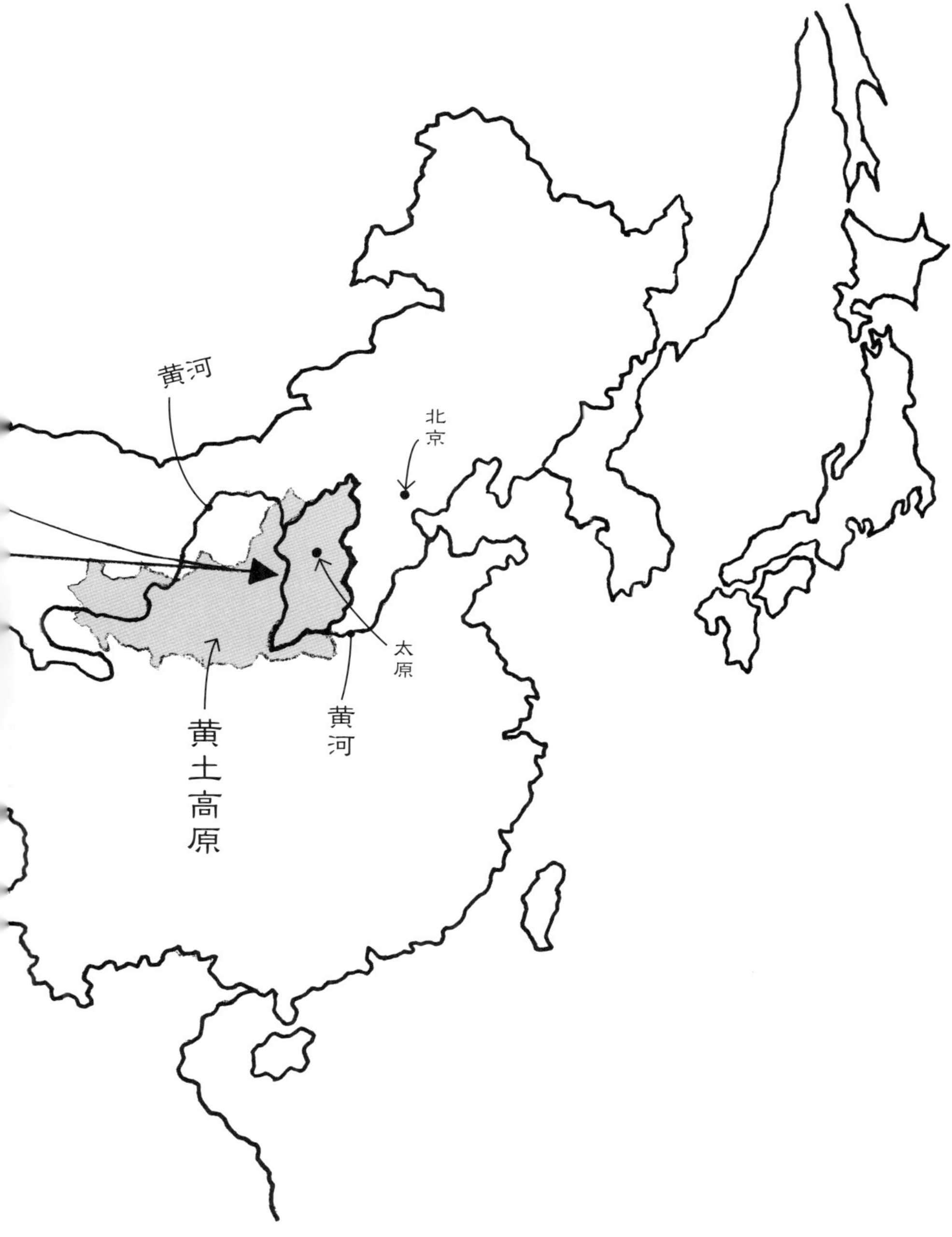
黄河
北京
太原
黄河
黄土高原

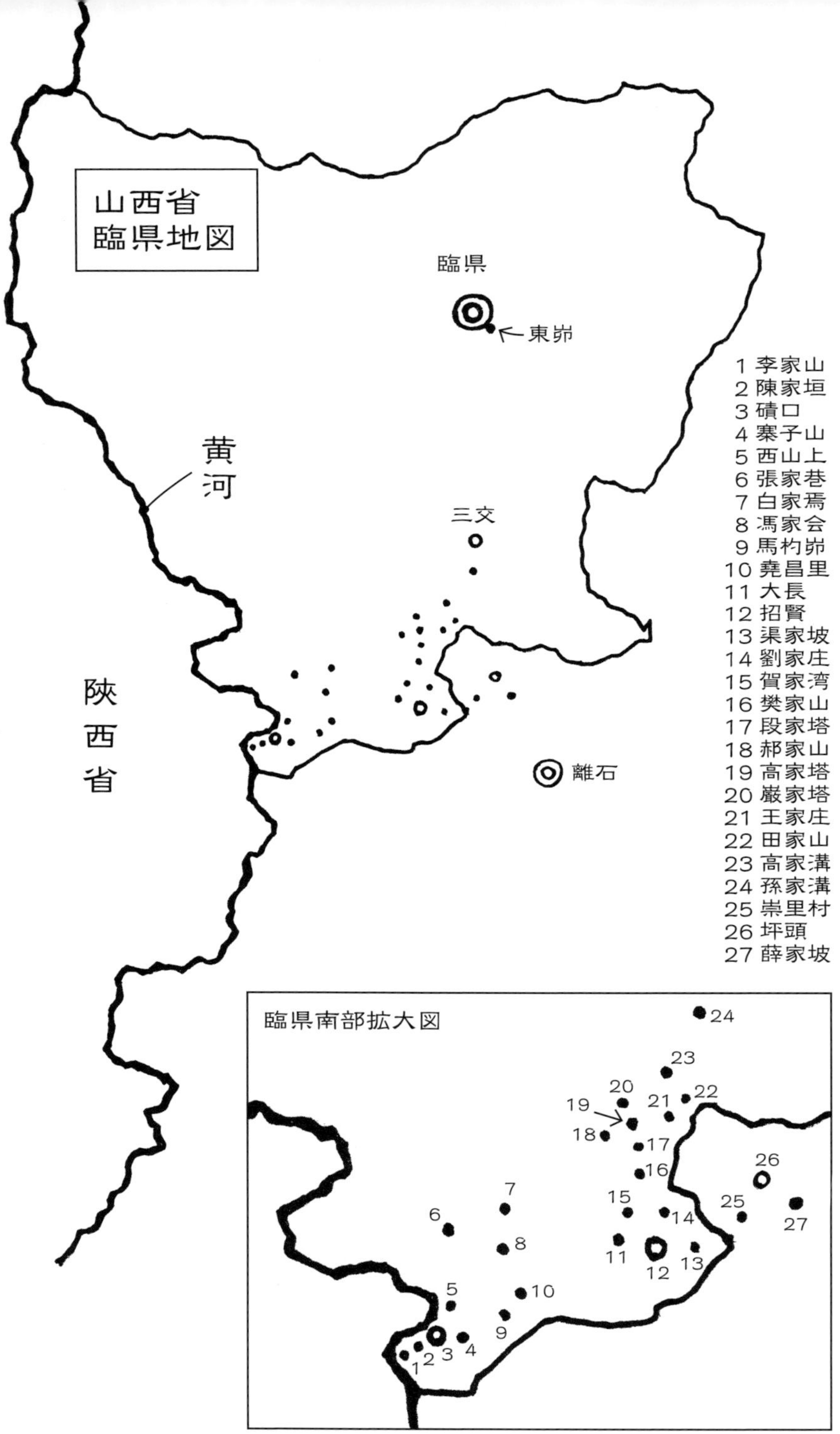
山西省
臨県地図
臨県
東峁
黄河
陝西省
三交
離石
1 李家山
2 陳家垣
3 磧口
4 寨子山
5 西山上
6 張家巷
7 白家焉
8 馮家会
9 馬杓峁
10 尭昌里
11 大長
12 招賢
13 渠家坡
14 劉家庄
15 賀家湾
16 樊家山
17 段家塔
18 郝家山
19 高家塔
20 厳家塔
21 王家庄
22 田家山
23 高家溝
24 孫家溝
25 崇里村
26 坪頭
27 薛家坡
臨県南部拡大図

記憶にであう

中国黄土高原　紅棗《なつめ》がみのる村から

大野のり子 著・写真

未來社

はじめに

2003年10月、観光で訪れた延安から北京への帰途、乗っていたバスが土砂崩れで迂回路をとった結果、私は黄河の畔にひらけたとある小さな村に降り立ちました。高原の頂まで耕された段々畑には、棗の実が紅く熟して収穫を待つ美しい季節でした。思えばそのとき、石段の陽だまりで孫たちを見守っていたひとりの老婦人から、「どこから来たの？」と問われたことが、私の長い旅の始まりになったのです。

「日本から来ました」という答えを聞いたとたん、彼女の日焼けした顔は一瞬ふーっと弛緩したかと思うと、たちまち憤怒の色に染まり、唇から激しい言葉がほとばしり出たのです。私のつたない中国語と強い方言のために、彼女の言葉はほとんど理解できなかったのですが、「かつて日本人がたくさん来た」こと、「多くの村人たちが日本人に殺された」こと、私が「それ以来初めてやって来た日本人であった」こと、の3つだけは聞き取ることができました。まったく偶然に訪れたその村が、“三光作戦”の村であったことを、私はそのとき初めて知ったのです。

「日本人が来た」という情報は、瞬く間に村中に広がり、私はどこに行っても村人たちの視線の集中砲火に無言でたえねばなりませんでした。「日本人」「日本人」という囁きがひと足ごとに私の背を射ち、いたたまれなくなった私は日が暮れるまでにその村を去ろうと思ったのですが、そのとき、近くの町から遊びに来ていた青年たちから、

「ウチではテレビも洗濯機も日本製を使っているけど、とても調子がいいよ」

「あの向こうの山に木を植えたのは日本人さ」

「ここにいるのが辛かったら、僕たちと一緒に町に帰ろう」

と声をかけられ、その言葉に救われた私は思いとどまって、この地に宿をとることにしたのです。黄河の畔に建つ、かつて日本軍に破壊された歴史をもつというヤオトン造りのホテルで、私は昼間会った老婦人の厳しい表情とともに、彼女を取り巻いて“昔話”に熱心に耳を傾ける幼い子どもたちのあどけない表情を思い浮かべ、いつかきっとこの村を再訪したいと考えていました。

その願いは思いもかけず早く実現することになり、翌年8月、私は9人の大学生たちとともに、再びその村を訪れることができました。あの日怨嗟の声を投げつけた老婦人は、「ほんとうに来たのね」と、私との再会を喜んでくれ、スイカを切り分けてみなにすすめ、あの日私が立ちつくした同じ石段の上で、学生たちの肩を抱いて、にこやかに記念撮影におさまったのです。

その日の午後、私たちは隣村の山の上に住む、84歳の陳《チェン》老人を訪ねました。

盲目の老人は、日本人に母親を生きたまま焼かれた過去を、その焼かれたベッドの傍らで、静かに語り出しました。彼の口からは一度として私たちを撃つような言葉が発せられることはなく、遠い昔の記憶をたぐり寄せ、自らかみしめるような静かな口ぶりでした。そして別れ際に、60数年ぶりの日本人の来訪をどう思うかと、遠慮がちに問う私たちに向かって、彼はひと呼吸おいたのち、「感動した。ほんとうに遠いところをよく来てくれた」、と応えたのです。

何もないけれどと、家人が詰めてくれた紅棗《なつめ》の袋を抱えて私たちは山を下りました。ふり返れば、かつてはさぞかし立派な邸宅であったろうと思われる老人の家の外壁は、日本軍に破壊されたその日のままにむなしく屍をさらし、老人は不自由な身体をおして門口にじっとたたずみ、いつまでも私たちを送ってくれたのです。

あのとき彼は、固く閉じられた両のまなうらにいったい何を見ていたのか？成人になってから失明したという彼が見ていたものは、もしかしたら日本軍が放った、自らの母を焼く紅蓮の炎ではなかったかと、私は戦慄しました。

過酷な自然環境と社会条件の下に、いまも常に貧困と向き合わねばならない村人たち。政治の言葉で語られる謝罪や補償とはまったく無縁に、過去の記憶をひっそり抱いたまま、残り少ない生を生きる老人たち。私は彼らが60数年もの長い間、“私たち”がやって来るのを待っていたのだと思いました。そして同時にこれ以上は待てないこと、つまり体験者たちがどんどん亡くなっていくという現実を目の前にして、私は待たれていたことへの責任を、自分なりに果たしたいと考えました。そして、「この村であったことを、日本に帰ったらみんなに伝えてほしい」という、陳老人のたったひとつの要求に応えたいと思ったのです。

2005年6月、それまで住んでいた北京を引き払って、私はひとり“紅棗がみのる村”に転居しました。

碛口 チーコウ

6月8日午後、碛口に到着しました。

北京から省都太原《タイユエン》まで高速バスで7時間、太原で乗り換えて離石《リィシー》まで4時間、離石で1泊したのち、またバスに乗って村まで3時間、合計14時間ほどの行程です。もっとも最後の3時間というのは、距離にしたら50キロほどですが、村人たちの需要にまんべんなく応えるために、わずか十数軒の小さな集落をもあっちに行ったり、こっちに寄ったり、なぜか来た道を戻ったりと、とても複雑な経路をとるために、たっぷりと時間がかかるのです。

どこでも乗り降り自由なので料金もはっきりせず、バス代を値切る人、荷物だけをどんどん積み込む人（つまり宅配便兼業）、かなり乗ってから「金がない」と降りる人、走ってる窓から子どもにおしっこさせるお母さんといろいろです。もちろん、タバコ吸い放題ゴミ捨て放題、痰も吐き放題で、果てしなく広がる黄土高原のど真ん中を、黄色い砂塵をまきあげながら大爆走します。

中国山西省中部、黄河とその支流湫水河《チューシュエイハ》の合流点に、L字型に開けた碛口は、かつて内陸部の物資を太原や北京、上海方面に運送するための“黄河の渡し”として栄えた村です。清朝末期には1日に100艘の商船が出入りし、穀類や塩、油、雑貨などを商う店舗が300以上も軒を並べ、荷揚げ労働者が2000余人、運送用のロバ、ラクダが1000頭以上も繋がれて、日中は馬車が路上に途切れることなく、夜は酒食を商う紅灯が消えることなく、“山西の小北京”といわれる賑わいぶりだったそうです。

ところが、現在碛口が位置する臨県《リンシィエン》は、「国家級貧困県」に指定されているのです。50年代に鉄道が整備されてからは、その役目を陸運に譲り、また新中国建国による国家統制経済が、碛口の商業的地位を奪って、繁栄からはしだいに取り残されていったのです。

いまも、村の中央を走る街道にはすり減った石畳が残り、両側には明清時代に造られた店舗や四合院の邸宅、寺などが並んで、当時の繁栄をよく物語っています。そこで行政は、2001年に、磧口と近隣のいくつかの村を山西省第1番目の「旅游扶貧試験区」に指定し、官民一体となって、“観光による村おこし”に力を入れているのです。ある村人は、「ここには貧乏人は絶対に来ないよ。お金も教養もあって、高学歴の人ばかりさ」と笑っていましたが、都会からはすでに失われてしまった風景や風俗が人々の郷愁をさそい、素朴な人情を求めて、太原や北京、上海からも旅行客がやって来ているのです。

私がこれからしばらくお世話になる黄河賓館も、おそらくはその年に建てられたものでしょう。かつては麻油を商う店だったようですが、とても立派なヤオトン造りのホテルです。目の下には滔滔《とうとう》と大黄河が流れ、視線を上げればすぐ手が届きそうな正面の山は陝西《シャンシー》省です。あぁついにこんなところまで来てしまったという感慨に浸りながらも、もうすでに顔見知りになっている老板《ラオバン》夫妻一同に迎え入れられて、私はホッとひと息、まずは荷物をおろしました。

（2005年6月8日）

☆県…省・自治区の下に位置する行政単位
☆ヤオトン…22ページ参照
☆老板…経営者、マネージャー
☆四合院…庭の四方に部屋を配した伝統的建築様式

黄河のある暮らし

黄河賓館の前を黄河が流れています。村人たちにとっては、黄河は自分たちの日々の生活の場でもあります。河畔まで下りて洗濯をし、風呂などないので水浴もし、髪を洗い、子どもたちが素っ裸で水遊びをしています。その横で放牧民が、山羊に水を飲ませ、上流から来る流木を拾い集めて燃料にします。

5日に1度開かれる市の日には、陝西省側からの渡し船に乗ってたくさんの人々がやって来ます。“黄河の渡し”は、いまも村人の生活水路として健在なのです。

ただし、ときには頭の上からゴミや瓦礫が降って来ることもあります。困ったことに、黄河の畔はゴミと汚水の最終処理場でもあるのです。

磧口ネット事情

私がここに来る前にいちばん心配だったのは、はたしてインターネットに接続できるだろうか？　ということでしたが、黄河賓館には電話があるので、きっと繋がるだろうと思っていました。

というのも、中国のネット事情というのは、“妙に”進んでいるところがあって、これまではどこへ行ってもテレフォンカード1枚で簡単に

接続できたのです。プロバイダー契約というのは必要ありません。

それで、さっそく黄河賓館の電話を借りてやってみたのですが、あっけないくらい簡単に繋がってしまいました。ところが、問題が2つあったのです。

とにかくものすごく時間がかかって、メールをひとつ送るだけで20分くらいはかかってしまうのです。しかも重いものはほとんど開くことができません。

それ以上に困ったのは、思えば当然のことながら、どれだけ説明しても、老板がインターネットというものを理解してくれなかったことです。プリペイドのテレカだから、黄河賓館にはいっさい請求は来ないといくらいっても信じてもらえず、国際電話をかけているのではないかと、気になって気になって、私が電話を借りている間中、私の傍から決して離れようとはしなかったのです。

ショートメール

磧口に着いてしばらくして、太原理工大学撮影科から25人ほどの学生が黄河賓館にやって来ました。毎年ここに来て、写真撮影の実習をするのだそうです。泊り客は彼ら以外には私ひとりなので、2日、3日と経つうちにだんだん口をきくようになりました。

私が日本人だとわかると、やはり話題はこの間の“反日行動”のことに及び、私の会話能力をはるかに超えて、激しくまくしたてる学生もいました。彼らの批判は、戦争責任、靖国、教科書問題と、私たちが新聞紙上で目にする、いわゆるステレオタイプのものとしかいいようがなかったのですが、どうやら、日本人と直接話をするのは初めてという人たちばかりだったようです。もっとも、私の中国語能力では立ち入った議論ができるわけではありません。

そのうちに、私はあることに気がつきました。

「ちょっとあんたたち、日本製品ボイコットっていうけど、みんなが持ってるカメラって、NikonとCanonばっかりじゃないの？」

「あ、バレたか。しょうがないよ。ほんとうはドイツ製が買いたいんだけど、高くって」

学生たちは炎天下、精力的にあちこち動き回って実習授業を終えた後、5日目の午前5時、1日に1本だけある太原行きのバスに乗って帰っていきました。

その夜、私の携帯電話にショートメールが入りました。

「ニーハオ、僕はグオウェイだけど、覚えてる？　今朝帰った学生たちのひとりだけど」。

名前には記憶があるけれど、20人以上もいた学生たちの顔と一致するわけはありません。すると、

「もう寝てしまったの？　僕はそんなに印象が薄かったのかなぁ？」

これはマズイと思って服務員に聞いてみると、彼女はちゃんと覚えていました。

「もちろん覚えているよ。髪が長くて、すらりと背の高い、みんなのなかでいちばんハンサムだった学生でしょ？　何か用事？」

「あぁ、それは間違いなく僕のことだよ。別に用事はないよ。ただ、僕は友達をつくるのが大好きな性格だけど、初めてできた外国人の友達に、お別れのあいさつができなかったことを謝りたかっただけなんだ」。

☆服務員…従業員

高林香 ガオリンシャン

ちょうど1年前、私は学生たちと一緒に、磧口の隣村、西湾《シーワン》に住む高林香老人を訪ねました。ここは日本軍の襲撃がとりわけ激しかったところで、いまも破壊されたままに放置された建造物が残っている地域です。

あの日彼女は、私たちが到着するやいなや、何かに憑かれたかのように語り出しました。しかし、88歳という高齢のためか、視線もややうつろで、薄暗いヤオトンの炕《カン》の上で、ひたすら虚空に向けて語っているようにも見え、目の前にいるのが、当の日本人であるということすら、すでに理解できないのではないかと危惧されるほどでした。

けれども、60数年前の彼女の記憶は、実に鮮やかに、まるでジグソーパズルのピースのように彼女の脳の一部にピッと嵌め込まれているらしいことはわかりました。しかしそのときの私は、彼女の記憶の力に圧倒されると同時に、彼女の記憶から疎外されているとも感じていました。彼女の記憶のみが独立して存在し、彼女の記憶と取り交わすたったひとつの言葉も探し出すことはできなかったからです。

そして今回、私は当地の高校生を伴って再び高林香のヤオトンを訪ねました。昨年の様子からして、もしかしたら無駄に終わるかもしれないと、半ば覚悟しながら。ところがうれしいことに彼女は、はっきりと私たちのことを覚えていて、“昨年の学生たちの来訪にはとても感動した。また来るといっていたが、次はいつ来るのか”というのです。昨年よりずっと健康状態もよさそうで、眼にも光があり、きちんと私を見て話してくれました。

昨年、門口にたって、小さな手をかざしていつまでも見送ってくれた姿は、いまも強く印象に残っていますが、別れるときの難儀は今年も同じでした。「もう帰るのか？」「うどんを作るから食べていってほしい」……私たちを1分でも長く引き止めたいという思いが、小さな身体から痛いほどに伝わってくるのですが、時間も限られていたのでどうすることもできませんでした。

思えば昨年も今年も、彼女のまわりに家人の姿を見たことは1度もありませんでした。“戦争被害者”の彼女が日本人の私に要求したことは、“過去の償い”などではなく、現在の孤独を一刹那癒してほしいだけなのだという、そのあまりのささやかさに心痛みましたが、「必ずまた来ます」と約束して、今回もまたふり切るようにして、彼女のヤオトンを後にしました。彼女の磐石な記憶を塗り替えることはもちろんできないけれど、たとえ限られた時間ではあっても、同じ風景と同じ時間をともにすることのなかで、新しい記憶を紡ぎあうことはできるかもしれない、と心ひそかに考えながら。

☆炕…41ページ参照

李家山 リィジャーシャン

磧口から湫水河を渡って小一時間山道を登ると、李家山という集落につきます。当初の予定通り、そこで民宿をひらくロンフォアのところに引っ越すことにしました。所帯道具一式が入った重いスーツケースをひきずって川べりの橋のところまでやって来ると、この日はけっこうな水かさがあって、橋がわりにころがしてある大きな石の面をジャブンジャブンと水が洗っています。どうしたものかと思案していると、後ろから見たことがないおじさんが近づいてきて、「持ってやるよ」と軽々とスーツケースを肩に担ぎ上げました。やれやれ助かったわぁと、おじさんの後ろについて河を渡ると、その後も彼は「オレも李家山に帰るから」と、ずっと担いでくれたのです。それは悪いよ、と思いつつも、慣れない山道は思いのほか勾配がきつく、私は息を切らせながら彼について行くだけで精いっぱいでした。

30代後半くらいに見えた彼は、太原に出稼ぎに行っていた経験があり、少し言葉が通じました。彼は何を聞いてもニコニコと笑顔を絶やさず、私が聞き取れなくなると、そのつど膝を曲げて、地面に石や木ぎれで字を書いてくれたのです。私が日本人であることはすでに知っているようでした。そしていよいよ村の中に入ってあそこがめざす家だよと指差した彼は、もう1度膝を曲げて、地面に「私の叔父も日本人に殺された」と書いたのです。ハッと息をのむ私の顔を見ながら、彼はやっぱり表情を変えることなく、ニコニコと手をふって帰っていったのです。

ロンフォアの家は、集落のいちばん高い位置にあって、門口に立つと、村全体がよく見渡せました。赤茶けた集落の向こう側には、茫茫《ぼうぼう》として広がる黄土高原の山並みが果てしなく続き、まるで押し寄せる大海の波のようにうねっていました。

ヤオトン

「ヤオトン」というのは、この地方独特の建築様式で、黄土高原の気候条件に合わせて、さまざまな工夫がなされています。いろいろな様式があるようですが、基本的には黄土層の崖にかまぼこ型の横穴を掘って、内部を突き固めて作ったものです。重層式になっているものは、1階部分の屋根が2階の庭、2階の屋根が3階の庭になっています。

入口以外は土と石で固められているため、熱遮断率は非常に高く、夏涼しく冬は暖かいという利点がありますが、最大の欠点は、入口にしか明り取りの窓がないので、昼間でもやや薄暗く、風通しが悪いということです。

室内には、「炕《カン》」という5、6人は寝られそうな大きな土のベッドがあり、その横に炊事用のかまどがくっついていて、その火が炕を下から暖める仕組みになっています。夏場の炊事は外です。ほかには大きな長持が2つ3つと水ガメ、そして必ずといっていいほど、足ふみ式のミシンがあります。きっとお嫁に来るときの必需品なのでしょう。

一見どのヤオトンも同じに見えますが、窓の木枠の模様が違ったり、入口に垂らす布をパッチワークで飾ったりして、それぞれ個性を出しています。

水が来た！

驚いたことに、李家山に「自来水」が来たのです。つい最近開通したばかりで、ロンフォアは珍しそうに蛇口をひねったり閉じたり、こわごわメーターを覗き込んだりしていました。春に来たときは、往復2、30分はかかる山道を1日に何往復もし、水桶を担いで井戸水を汲みに行っていたのですが、彼らの労働がどれほど軽減されたかわかりません。しかし水道とはいっても、排水設備があるわけではないので、やっぱり以前使っていた大きなカメに水をためて、それを汲み出しては使っています。そしてどうやら、高い料金を払って水道が引けるのは、ほんの一部の家庭のようです。ロンフォアの家は民宿をやっているので、村では豊かな方なのです。

ところが、おとといから断水したまま、うんともすんともいわなくなってしまったのです。それで、どんな設備ができたのか観察に行ってみたのですが、なんのことはない、日本の団地に備え付けられた揚水設備よりお粗末ではないかと思われるものが、山頂にポツンとできていました。ちょうど2週間の幻の水だったようで、ロンフォアたちも、「もともと期待なんかしていなかったよ」といいたげな表情で、再び水桶を担いで谷底へ下りて行きました。

山の結婚式

ロンフォアの甥のシャオチェンの結婚式があるというので、バイクで1時間半ほどの大木焉村《ダームーイエ》に泊まりがけで出かけることにしました。山の上にある村なので、馬に乗ってお嫁さんを迎えにいくと聞いたからです。

ところが前夜はどしゃぶりの大雨で、これはどうやら無理そうだとあきらめていたのですが、翌朝、霧雨をついて、シャオチェンと介添え役が乗る2頭の馬が、シャランシャラン鈴を鳴らしながら出発しました。村人たちはみな、道まで出て見送ります。

そしてお嫁さんの家についてから3時間ほどお祝いの宴が開かれ、今度はシャオチェンとお嫁さんが馬に乗って出発します。小雨に煙る黄土高原を、着飾った小馬に揺られて新郎の家に向かう2人の姿はなんともいえず幻想的で、まったくメルヘンの世界そのもの、いまでもこんな結婚式をやるところがあるんだなぁとため息が出ました。

大木焉村の入口にはたくさんの人たちが出迎え、お嫁さんの顔を見ようと待ち構えています。2人はシャオチェンの家のすぐ近くまで来て馬を降り、そこへ新郎の両親が新婦を迎えに来るのがこの地の習俗です。新郎のお父さんが新婦をおんぶして、新居へ連れていくのですが、それが

もうみなでわいわいはやしたててたいへんな騒ぎになるのです。

200mくらいの距離を村人にはやされながら、お父さんが庭までお嫁さんを背負って来ると、それからみなでお嫁さんの奪い合いをして、最後にはシャオチェンが抱きかかえて部屋に入るのですが、みながドーッ！　となだれ込んで来るのを屈強の男2人が遮り、中からドンッ！と扉を閉めます。

お疲れの新郎新婦は、ようやく炕の上にドタッと腰をおろして、緊張から解放される瞬間です。ところがここでまたおせっかいな中国人は、嫌がる2人にキスを強要するのです。もうシャオチェンの頭を押さえつけて強引にお嫁さんの顔のところまで持っていきます。なんだかかわいそうなくらいで、私は思わずかんじんな瞬間のシャッターを押しそこねてしまいました。

村に到着してすぐに聞いてみたのですが、やはりここにも日本軍は来ていました。道があるところ村があり人が住み、人が住むところ日本軍はくまなく“掃討”をかけていたのです。

式の前日にちょっと時間があいたので、シャオチェンが近くに住む77歳の馬《マー》老人のところに連れて行ってくれました。老人は私が日本人であると知ると、一瞬大きく目を見開いて私を眺めたのちに語り出したのですが、5分もたたないうちにシャオチェンが「もう帰ろう」というのです。私は「老人は何をいっていたの？」と聞くのですが、彼はいいよどんでなかなか口を開いてくれません。彼はとりわけ心優しい青年なので、きっと老人の話が聞くにたえなかったのでしょう。そしてそれを日本人の私に通訳することも心進まなかったに違いありません。

しばらくしてから、別の人を伴って、私は再度、老人の部屋を訪ねました。やはり彼の話は、日本軍が村人を素裸にしてセックスを強要したというものでした。それがなによりも許せないことだったと。

すっぱい林檎

老人は最後まで厳しい表情を崩しませんでしたが、帰り際には庭の林檎の木を指差して、「もう食べられるから、持って行きなさい」といいました。それはゴルフボールくらいの青い小さな林檎でしたが、私は3つ4つもいでポケットに入れて老人のヤオトンをあとにしました。老人は門口に立って私を見送ってくれたのですが、何度も何度もふり返る私に小さく手をふって、「もういいから行きなさい」という素ぶりをしました。

部屋に帰ってからかじった林檎は、まだ熟しきっていなかったからだけではなく、やはりとてもすっぱい味がしました。

式が終わってその日に帰るつもりだったのですが、雨のため路肩が危険でもう1泊することになりました。

日本軍侵略記念どんぶり

遠くへも行けず、せっかくの風景写真も撮れないので手持ち無沙汰にしていると、昔、人民解放軍の兵士だったというシャオチェンのおじさんが、大きなどんぶりを3つ持ってやって来て、「こんなのはどうかい？」というのです。どうやら私が古い茶碗などが好きだということを、ロンフォアが話したのでしょう。

おじさんが持って来たのは、ずっしりと重みのある白釉のどんぶりで、なかなかの味わいですが、とにかく重そうなので辞退すると、「これはこの村に日本軍がやって来た頃に使っていたどんぶりだよ」と笑っていうので、「そうですか、それでは日本軍侵略記念にひとつだけもらっていきます」と、私はそのなかからひとつ選び出しました。

するとロンフォアのお母さんもよく似たどんぶりを持って来て、持って帰れというのです。果たしてこのどんぶりで毎日ごはんを食べておいしいと感じるかどうかは微妙ですが、けっきょく私は、ベルトが切れそうになるくらいずっしりと重くなったザックを背に、相も変らぬ霧雨のなか、バイクの後ろにまたがって山を下りたのです。

ダリの絵のような

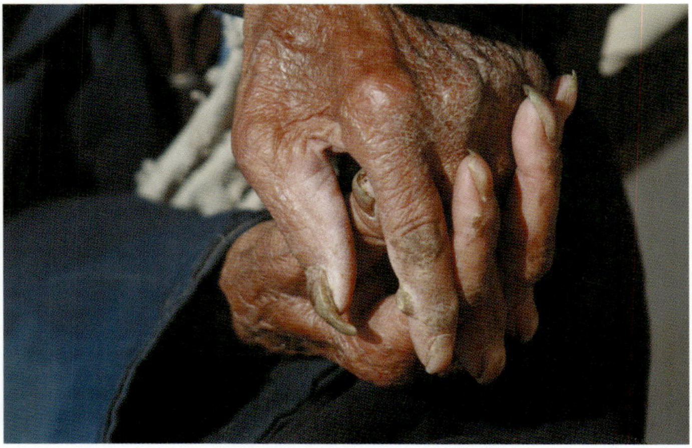

7月中頃、私はグオウェイにショートメールを送りました。

「ニーハオ！　あなたの最初の外国人の友達だけど覚えてるでしょ。8月に日本から学生たちが磧口に来るけど、あなたも来ない？」

「いいね、時間があったらぜひ行きたいね」

ところが彼はとても慎重というかまじめな性格だったようで、しばらくしてまたメールが来ました。

「僕が行ったら、彼らはほんとうに歓迎してくれるんだろうか？　お互いに初めて会う同士で言葉も通じないのに、交流なんてできるのか心配なんだ」

「字を書いたって、歌うたったって、トランプしたって、交流の方法なんていくらでもあると思うよ」

「ごめん、こんなこと聞いたのは、はるばる遠くから目的を抱いてやって来る日本の学生たちを、がっかりさせたくなかったからなんだ。もう少し考えてから結論を出すよ」。

けっきょく、学生たちが磧口に到着した翌日、彼から「いま磧口についたけど、みんなどこにいるの？」というメールが届きました。

以来4泊5日間、老人たちの聞き取りや子どもたちとの交流など、ずーっと私たちと行動をともにし、学生たちとはもっぱら筆談でいろいろと意見交換していたようでした。

そして彼は撮影科の学生なので、「この活動を記録して、太原に帰ってからみんなに見てもらうよ」と、学生たちの活動をずっとカメラで追い続けてくれたのです。たった1通のショートメールが、人と人とを、もっといえば日本と中国とをこんなに近づけてしまうなんて、とても不思議な気がします。

ところで、4日目の夜にメンバーのY君と筆談でかなり込み入った話をしていたようですが、けっきょく最後に彼はこういったのです。
「君たちのことをとても尊敬するけど、でも、なんだかよくわからないことが多くて、まるでダリの絵のようだよ」。

最後には同じバスで太原まで帰り、来年の再会をかたく約して別れました。そして、彼はそこから100キロある実家まで、自転車で帰っていったのです。

危険がいっぱい？

こちらでは、荷物は積めるだけ積むというのが原則ですから、このテの事故はしょっちゅうあります。石炭やら、野菜やら、紅棗やら、ときにはブタさんなんかが一気に路上や崖っぷちにバーッ！　と散乱することになります。もちろんみんな拾いに来るので、後片づけはけっこう早いです。

陳應国　チェンイングオ（84歳）

西山上　シーシャンシャン

私の家が焼かれたときのことは今でも覚えている。私の母はあの日ちょうど病気で炕の上でふせっていたので、母をそのままにして私は急いで隠れた。その頃には日本人はすでに殺人を開始していた。母が殺されたのは、私がいま住んでいるヤオトンのこの部屋だ。

私の伯父も日本人に殺された。彼は山に隠れていて、洞窟の中から日本人が行ったかどうか見に出たところを敵に発見されて撃ち殺された。それからもうひとりの男性が崖の下に隠れていて、午後になってこっそりものをとりに帰ったとき、トーチカの敵から発見され撃ち殺され、死体は彼らの犬に食べさせられた。

日本人が最初にやって来た頃は人殺しはしなかった。あとになって、見る人見る人、八路軍だろうといって殺し始めた。以前、私のヤオトンのひと部屋で、離石県政府が事務をとっていたことがあった。日本人は残されていたわずかな書付を発見し、八路軍の村に違いないといって、全村の焼き討ちが始まった。一列一列火を放っていった。部屋が焼かれてのち、家の中にはなにひとつ残らなかった。私たちの家では地面に甕《かめ》を埋めていたが、甕の中の食糧も日本人に焼かれた。彼

☆八路軍…当時の共産党の軍隊。現中国人民解放軍の前身

らがいなくなっても、食べるものさえ何もなかった。

日本人はここには何回もやって来た。彼らは三交《サンジャオ》に駐屯していた。当時は車はなかったけれど、砲声が聞こえると、そんなに時間がかかることなく日本人はやって来た。村人は谷底や山の畑に行って隠れた。日本人は山狩りをして女性を捉まえては強姦した。男は捉まれば殺されることが多かった。ときに彼らのいっている言葉がわからないというだけで殺された。

私の村のひとりは、彼らの言葉が聞き取れなかっただけで、刀で何回も刺され、下の磧口に連れて行かれた。まだ生きていたので、日本人は最後には傷ついた彼を凍結していた黄河の氷の割れ目に放り込んだ。日本軍がいなくなってから、村人たちがようやく氷の中から彼を引き上げたが、とっくに死んでいた。日本人が私の家を焼いたその年、村では十数人が殺された。

隠れるときは、畑や大きな石の割れ目などに隠れた。日本軍があちらの山に現われると、村人はこちらの山に隠れ、日本人が追い、村人は逃げた。うまく隠れないと見つかって殴られたり殺されたりした。なかには意を決して逃げなかった人もいた。日本軍が来ると一生懸命もてなして、命を永らえた。ただし、聞き間違えたり、聞き取れなかったりすれば、すぐに厄災が自身の身にふりかかった。

もちろん民兵はいた。民兵は十代後半から20歳くらいの青年たちで組織され、八路軍を支援した。どの村でも民兵組織を立ち上げた。あの頃、私も十代後半で民兵隊に参加した。しかし民兵はどんな武器も持っていなかったので、日本人が来ると民兵も隠れるしかなかった。民兵の主要な任務は、村人の逃げ道を確保し、八路軍を支援することだった。女性たちも婦女隊を結成した。主要な仕事は糸を紡ぎ布を織ることで、八路軍が身につけていたものは、すべて彼女たちが織った粗布だった。

第1回目に日本軍が来たときは、乗っていた馬もそんなに多くはなかった。彼らはカーキ色の服を身につけ、銃を持っていた。彼らは銃を壁の外に立てかけて、村人に鶏を捉まえてくれるよう頼んだ。あのときは彼らも人を殺さなかった。鶏を捉まえるときの様子も、まるでゲームをしているようで、アハハ、ワハハと笑っていた。あのとき私の家の外に石臼があったが、彼らはそれを山の上からゴロンゴロンと落として、みんなワハハと笑って喜んでいた。しかし、その後は、日本人が来ても顔を合わせることはなくなった。彼らが殺人を開始したからだ。

今でも当時を思い出すと恐ろしい。思い返すと心が痛む。私の母も日本軍に焼き殺された。なぜ心が痛まないことがあるだろう。あれからすでに60数年が過ぎ去った。殺された人も、死んだ人も、遠い昔のことだ。これからは中日が仲良くやっていければそれでいいと思っている。　(2007年8月30日採録)

劉根香　リョウゲンシャン（84歳）

磧口　チーコウ

私が18歳のときに日本人に夫が殺された。あのとき村人はみな隠れたけれど、日本人がいなくなったと思って、家に戻ろうとしたとき、日本人に遠いところから見つかって銃で撃たれて、数人が殺された。そのなかに私の夫もいた。私はそのとき別のところに隠れていた。夫は両親も兄弟姉妹もなく、遠い親戚が来て彼を埋葬した。その後、私は生活するすべもなく、ほかの家に嫁いだ。

とにかく日本人が来るたびにみな隠れた。洞窟に隠れていても地面を掘って物を取り出しているのがわかった。それから捉まった人たちの泣き叫ぶ声も聞こえてほんとうに怖かった。午後に日本人が帰っていくと、村人もようやく家に帰ることができた。あの頃の日本人はほんとうにひどくて、何をもって「恐怖」といえばいいのか、私たちはよく知っていた。当時日本人は西湾に住んでいて、毎日陳家垣《チェンジャーユェン》の山の上に行って、向かいの陝西の丁家畔《ディンジャーパン》に大砲を撃っていた。洞窟の中に隠れていても砲声が聞こえ、向かいの山に煙がもうもうと立ち上るのが見えた。恐ろしくて誰も外に出ようとはしなかった。

（2007年5月21日採録）

陳祖儒 チェンズゥルゥ
(77歳)
寨子山 ジャイズシャン

日本人は1938年の正月に最初にここにやって来た。そのときは、村人は日本人が自分たちにひどいことをするとは考えず、ただ河原で休んでいるだけだと思った。彼らはみなカーキ色の軍服を着ていた。村に肝のすわった人たちがいて、河原に行って彼らと対応した。彼らはジェスチャーで銀貨と鶏を要求した。村の人がすぐに鶏をつかまえて差し出した。

あのとき陳晋之《チェンジンジー》という男が日本人と対応して家に帰ると、日本人は家の中をあちこち捜しまわって、数着の軍服のような制服を探し出した。これは晋之の息子がちょうど家に帰って来たときに着ていた制服だった。日本人は、彼が八路軍に違いないといって、連行するといった。それで村人はまた数羽の鶏を持って行くと、連行されずにすんだ。最初に来た頃はむしろいくらか礼儀があって、人の家に入るときも銃は門の外に立てかけ、ただ金と食べ物を要求した。

日本兵に強姦されて産まれた子どもはたくさんいるはずだ。産まれてしまえばみなほかの子と同じように育てた。他人に預けた人もいる。子どもをあげたりもらったりするのは、中国では決して珍しいことではない。本人は知らなくても、日本人の血が混じっている中国人はたくさんいるはずだ。

(2007年10月13日採録)

李探有　リィタンヨウ（76歳）

李家山　リィジャーシャン

村の顔役が、村人を侵害から守るどんな方法も見つからなくて、村人を説得して日本人を接待することにした。しばらくの間は日本人は村人を迫害しなかった。しかし、共産党はそういった方法を受け入れたがらなかった。しばらくしてから、また日本人がやって来るようになった。その頃のスローガンが、三光政策だったということは、村人の誰もが知っていた。

ちょうど飯の用意ができたときに日本人が来たと聞けば、飯も食べずにすぐに逃げた。よその村に逃げても、顔見知りでなくても、飯を食べさせてくれた。村人たちはみなお互いに助け合った。私の記憶のなかでは、私たちの村で日本人に殺されたのは十数人だ。日本人は村人の家の窓枠や戸棚、長持などを全部壊して焼き尽くした。村人が自家で作った保存食も、日本人は口にしないのに、甕ごと持ち出してこなごなに壊して捨てた。

あの頃、私たち川岸の子どもたちは7、8歳になると、大人たちに連れられて水泳を習った。もしも日本人が来たときに船に乗れなかったら、自分で黄河を泳いで陝西へ逃げるためだった。

（2007年9月5日採録）

高玉蘭　ガオイーラン（80歳）

李家山　リィジャーシャン

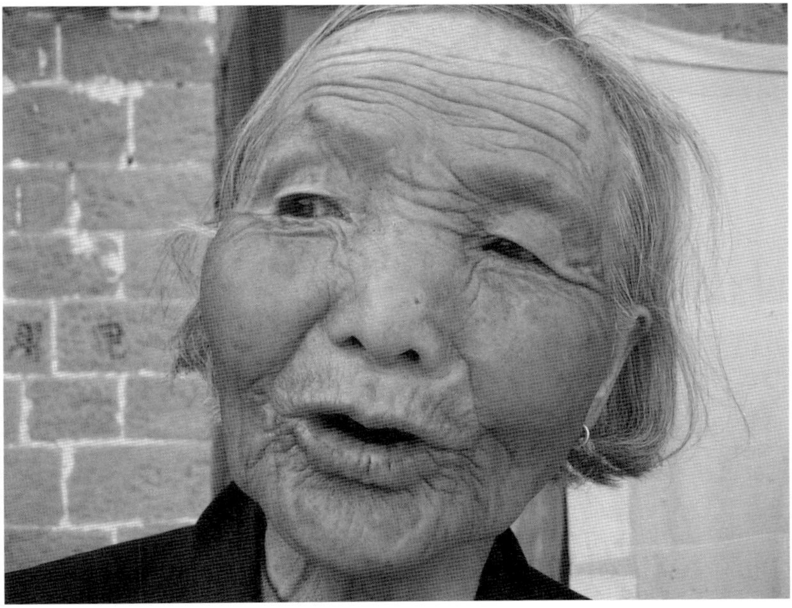

私が自分の目で日本人を直接見たのは13歳のときだった。最初に日本兵がやって来たときは、村人に対してとても親切で、村長も彼らをもてなしたほどだった。その後、金皮隊《ジンピートイ》を連れてやって来るようになってから村民を苦しめるようになった。李家山に何度もやって来た日本兵と金皮隊は、村民の牛、山羊、鶏、犬などの家畜を殺して食べた。銀貨や衣装を奪った。

日本兵がこういったふるまいをするようになってから、李家山の人々は、日本兵が来たと聞くやいなや先を争って逃げ隠れた。それでも隠れなかった人も少しはいた。彼らはごくわずかの単身者とアヘンを商う人々だった。日本兵が李家山にやって来てから、彼らは商売上のお得意さんとなった。日本兵は、銀貨で彼らが持ってきたアヘンを買った。

私がはっきり覚えているのは、当時私たちの村にいたひとりの精神病者が殺されたときの情景だ。その男は日本兵が李家山にやって来て以降、村の中でいつも「打倒日本人！　打倒日本帝国主義！」というスローガンを叫んでいたが、あるとき、ちょうど日本兵に聞かれ、その場で撃ち殺された。

（2006年12月22日採録）

☆金皮隊…日本軍に組織された傀儡《かいらい》政権の軍隊を、この土地の人はこう呼んだ

凍てつく風景のなかで

ゆうべから、まるで細断された絹糸のような雪が降り続き、今朝は3cmほどの積雪になりました。

蒲団の中でウトウトしていると、部屋の前をグオッグオッグオッ……となにか巨大な獣の吐息が通り過ぎたので、なんだろうと扉を開けてみると、丸々と肥った黒豚が1頭逃げ出したようで、顔見知りの肉屋のおっちゃんがあたふたと追いかけて行きました。

さっそく見物に出かけると、先端に鉤の付いた長い棒で口の中をひっかけ、もうひとりが足をロープで縛って引きずろうとするのですが、死期を悟ったトン君の必死の抵抗にあい、なかなかうまくいきません。そこに大きな黒犬と小さな白犬がやって来て、白一色の雪原の上でブヒーッブヒーッ！　ワンワン！　キャンキャン！　ブヒーッブヒーッ！　プラス人間の怒声……と、それはそれは凄まじい戦闘がくり広げられたのです。まるで墨絵の世界の一大スペクタクルでしたが、数分後には加勢に来たおじさんたち数人に取り囲まれて覚悟を決めたのか、トン君は黙って曳かれて行きました。

しばらくして、もう1度ブヒーッブヒーッ！　が続いたのですが、じきにヒューッヒューッ！　ブヒッブヒッと叫び声は小さくなり、やがて何事かが終了したあとの静寂が訪れました。私はどうなったかやはり気になって見に行ってみました。私がいま住んでいる古鎮賓館から2軒おいた向こう側にちょっとした空き地があり、そこが屠殺場になっているのです。

行ってみたら哀れトン君はすでに大きなカメの中で茹であげられ、おっちゃんたちに毛をこそげ取られているところでした。ほんの半時間前まで果敢に抵抗を試みていた大きな生き物が、ゴロリと1個の白い物体となって横たわっているのを見るのはなんともはかなく、世の非情を見る思いがしました。

やがて、頭がブッツリと切り落とされ、4本の足首が切り取られ、大きな鉤2本に後ろ足を引っ掛けられて、ドッコイショッ！　と木で組んだ櫓に吊るされるのです。このときにドバーッ！　と大量の血が開口部から流れ出し、降り積もった雪を赤黒く染め、なま温かい血のにおいが鼻を衝きました。

なんとも凄惨な光景ですが、もちろん肉屋のおっちゃんたちにはこれが日常。これからも3日～5日に1回は、このブヒーッブヒーッ！　という断末魔の叫びで私は目を覚ますことになるでしょう。

吊るされた白い肉の塊に、ピョコンと尻尾だけがおまけみたいに付いていたの

で、「尻尾も食べるの？」と聞いてみると、「これはすごくうまいし、栄養がある。ひとつ食べると1歳長生きできるんだ」と教えてくれました。そして、ちょうどやって来た老人に生え際からプツンと切り取って「彼はいま80歳だから、これで81まで生きられる」といいながら手渡しました。老人もちょっと微笑んだようでした。老人は次には小腸を渡されると、それを洗面器の中で洗って中身を搾り出し、同じようにビニールの袋にしまいました。それから石の台の上にかがみ込んで、順々に豚の腹から出てくる内臓をひとつひとつ区分けしていく作業をし始めたのです。

老人の顔はこれまで何度か見かけたことがありますが、口をきいたことはありませんでした。私と目線を合わせることなく、うつむいて黙々とその作業に集中していた彼は、やがて低く呟くように歌い始めました。最初はなんだかわからなかったのですが、しばらく聞いているうちに、ところどころ聞き取れる単語でそれがどういう歌か理解できました。磧口の人なら子どもでも知っている、『日軍侵略磧口鎮』という俗謡だったのです。私は血のにおいに少し気分が悪くなって戻ろうとしていたきびすを返しました。ここで帰ることはできないと思ったからです。

降りやまぬ細雪のなか、まだ湯気の出ている豚の内臓を腑分けしながら、老人はいつまでもいつまでも、まるで地の底から響いてくるような声で歌い続けたのです。身も心も凍てつく風景のなかで、行き場を失った私の足もまた、血溜まりに紅く染まっていくようでした。

（2006年2月8日）

古鎮賓館

再び磧口に戻り、今度は「古鎮賓館」という、バス停の前にある村いちばんのボロホテルに住むことにしました。1泊10元です。ここの劉《リュウ》老板はなんでも屋で、自分の部屋が「写真館」になっているのですが、どこで技術を習得したのか「入れ歯屋」もやっています。そのうえに「バイタク」もやっているし、道路税の「集金人」も委託されているし、建築工事の「手配師」みたいな仕事もやっているのです。

そしてちょうど私が下りてきた翌日、村の廟の再建工事のために、10人ほどの農民工がやって来ました。それで4つある部屋のうちの3つに彼らが住むことになり、私はお隣さんとなったわけです。思いもかけず、私が中国に来て以来、最大の関心の的だった農民工たちと同じ屋根の下で暮らすことになったわけです。いまはまだちょっとあいさつを交わす程度ですが、近いうちに酒でも持って、お隣さんを訪ねてみるつもりです。

☆1元…約15円

革命烈士証明書

古鎮賓館の前で2日続けて私の帰りを待っていた人がいました。日本人の私に聞いてほしい話があるというのです。

彼の父親は1939年に抗日戦争に参軍して、40年に戦死したそうです。そのとき母親はすでに亡く、一緒に暮らしていた祖母も息子の死を知って悲嘆にくれてじきに亡くなり、以降たったひとりで暮らしたそうです。

15歳になって磧口で船着場の荷揚げの仕事をしていたときに、偶然、親方が彼の父親のことを知っていて、汾陽《フェンヤン》で死んだことがわかったそうですが、どこに埋葬されたかはわかりませんでした。

彼がいうには、この地には「合葬」の風習があって、夫婦は同じ墓におさめなければならないから、父親の埋葬地をずっと探していたというのです。なんとか協力してくれないかというのですが、これはいくらなんでも荷が重すぎるので、はっきりと私には無理だと答えました。

かすかな期待を打ち砕かれた彼は落胆したおももちでしたが、胸のポケットから折りたたんだ紙を出して見せてくれました。

それは、1983年中華人民共和国民生部発行の『革命烈士証明書』というもので、

「張茂盛同志は抗日戦争の中で壮烈な犠牲となり、ここに革命烈士として承認し、特にこの証書を発行して称揚するものである」と書かれていました。

そして左側に戦死した時期と場所と遺族の名が記され、その下には「撫恤金額」、つまり補償金額が書かれていたのですが、私はそれを見たとたんに言葉を失いました。

日本軍と戦って犠牲となったひとりの農民兵士の命の値段は180元、わずか2700円だったのです。

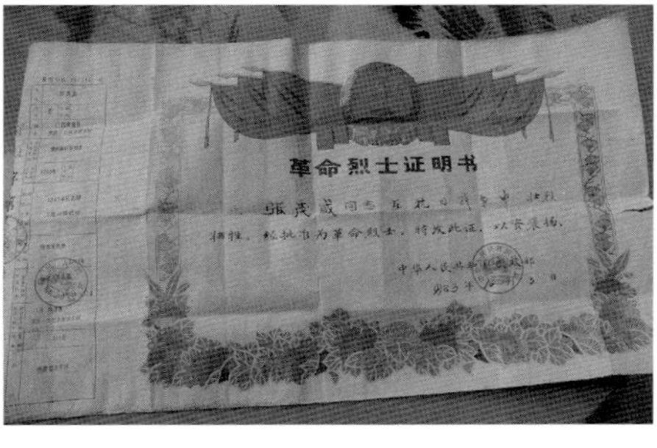

毒入りうどん？

今回、黄河賓館に戻らなかったのには、実は理由があるのです。

昨年の夏、日本から6人の大学生が磧口にやって来ました。一昨年も来たメンバーです。彼らは村人との交流のためにいろいろ考えて、みなに“日本の味”を味わってもらおうという計画をたてたのです。黄河賓館の厨房を借りて、朝の6時から準備を開始し、100人分のカレーうどんとかき揚げうどんを用意しました。そして予定していた午後2時から4時の間に、用意したものはきれいさっぱりなくなったのですが、後かたづけをしているところに、黄河賓館の老板たちが厳しい表情でやって来て、

「いったい今日の活動はなんだったのか？　なんのためにこんなにお金をかけてやったのか？」というのです。そして、「村人から、もしかしてうどんの中に毒でも入ってるんじゃないかと聞かれたが、どう答えていいかわからない。いま私の目の前で残っているものを食べてみてほしい」というのです。

私はじきに事態を理解しました。黄河賓館の人々を含めて、村人には、60年ぶりに、あるいは生まれて初めて見る日本人の“ボランティア活動”が理解できなかったのです。このときにかかった経費というのは、日本から持参した材料費を加えると、村人の平均年収にも近い額になります。今回の活動は、やはり“時期尚早”だったのかと、学生たちも少し苦い思いをかみしめながら帰国しました。

そんなことがあって、ちょっと気まずい関係になってしまったことと、黄河賓館はなにしろ磧口でいちばん高級なホテルです。村人たちの目線に少しでも近づくためには、磧口ーボロイ古鎮賓館の方がふさわしいと私は判断しました。

うどんの翌日には、李家山でお好み焼きの試食会をしました。「じいちゃん、味はどう？」「好《ハオ》！」

炕カン

古鎮賓館の目の前の湫水河は、全面凍結しました。ま、まさか、黄河が……と見に行ってみると、雪曇りの鉛色の空の下、カシャカシャカシャと静かに音を立てながら、河面を覆いつくして流氷が流れていたのです。あぁ、上流からアザラシやペンギンが氷に乗ってやって来たらいいのに……と、極寒の黄河の畔で、極北の幻想に浸ってしまいました。

けれども、外はたとえ氷点下10℃でも、部屋の中には炕という、土でできたオンドル式の大きなベッドがあって、そのうえはぽかぽかとても暖かいのです。炕はベッドであると同時に、家族や友人たちが憩う居間でもあるのです。

貝殻の首飾り

私の部屋には子どもたちもよく遊びに来ます。概して山西の子どもはおとなしくてはにかみ屋が多く、部屋に来ても黙っている子が多いのですが、「いま日本ではどんな歌が流行ってるの？」とか「いま子どもたちがいちばんほしいものは何？」といったような質問をしてきます。

そのなかにひとり、戦争問題について「私たちはおじいさんおばあさんからたくさん話を聞いてよく知っている。あなたたち日本人は、親がそうやって子どもたちに教えてきたのか？」と鋭い質問をしてきた女の子がいました。彼女は「教科書を見て私は何度も泣いたことがある。それを明日持ってきて見せてあげる」といって帰っていきました。

翌日彼女が持ってきた教科書には、私も以前見たことがある、中国人の死体を前にほくそ笑んでいる日本兵の姿がありました。私が言葉につまっていると、「私はこれまで日本人はとても残虐な人たちだと思っていたけれど、昨日あなたと話してから、日本人が好きになった」というのです。そしてプレゼントだといって、貝殻で作った首飾りを差し出したのです。それは日本の海水浴場でよく見る、貝殻を繋いだだけの“安っぽい”おもちゃで、だからというわけではないのですが、「日本は海に囲まれているので、こういうものはたくさんあるけれど、あなたたちにとっては貴重なものだから」と、私は辞退しました。でもいまになって、やっぱり受け取った方がきっと彼女は喜んでくれただろうと、ちょっと後悔しています。

そっとひとりにして

風邪で3日間ほど寝込みました。しかしたんに風邪なのだから薬をのんでしばらく安静にしていれば治るわけで、そっとしておいてほしいのですが、こういうときにこそ中国人のおせっかいは満を持して花開きます。

まず、医者を呼ぶというのですが、こっちの医者はすぐに点滴をしたがるし、いまいちその技術が不安で断りました。

すると老板が机の上の風邪薬をめざとく見つけて、「中国の風邪に日本の薬なんか効かない」と愛国精神を発揮するので、「私の身体は日本人の身体だから、これでいい」というと、「日本の薬では、山西の風邪は治らない」と妙に説得力のある表現になり、自分が持ってきた薬の袋をさっさと破いて、巨大な丸薬をふたつ、枕元にドンッと並べるのです。

どこで聞きつけたのか、ロンフォアから見舞いに来るとメールが入ったので、「わざわざ山から下りることはない」と返信したのもつかのま、すぐにやって来てドアを開け放したので、待ってましたとばかりに近所のおばさんや子どもたちがどどっと入ってきて、私のわからない言葉でなにやら騒ぎ立てます。そのうえおばさんはザルいっぱいのニンニクを枕元でむき始めるわ、机の上のノートは仔細に点検するわ、パソコンの蓋はパコパコ開け閉めするわ、子どもたちは、ピコピコ電子音のするおもちゃで遊び出すわで、せっかく下がった熱がまた上がりそうになりました。

とにかく中国人にとって、“にぎやか”なことは、時と場所と状況を選ぶことなく最上の価値あることで、「お願いだから、そっとひとりにしておいて」という、いかにも日本人らしいささやかな願いを受け入れてもらうことさえ、とてもとても難しいことだと再確認しました。

陳家垣チェンジャーユエン

古鎮賓館から湫水河をはさんだ向かい側に河南坪《ハーナンピン》という村があって、そこにある児童数9人の小学校の先生をしているサンアとはよく話をします。彼女はほぼ標準語が話せることと、この地の風習や昔のことなどとてもよく知っているからです。

彼女の老公《ラオゴン》の家は李家山と尾根続きの陳家垣という、人口400人くらいの小さな村です。磧口界隈ではもっとも高い位置にあるので、日本軍はここに砲台を造り、対岸にいる八路軍を砲撃したのですが、けっきょく日本軍は黄河を越えられませんでした。この“黄河を越えられなかった”ということを村人たちはたびたび口にします。自分たちが守ったという誇りがあるからでしょう。

陳家垣でも3人の老人に話を聞いたのですが、彼らの話は李家山の老人たちの話と共通していました。とにかく日本兵が来ることがわかればすぐに逃げ隠れたので、実際に自分の目で残虐な行為を見たわけではない、というのです。つまり、この村では戦闘が行なわれたわけではないので、これが現実だったと思います。こういった村々では、最も残虐な行為の対象となった人というのは、つまり殺されてしまったのだといえるでしょう。

☆老公…夫

離村

村の入口に「陳家垣小学校」という看板がかかったヤオトンがあったのですが、扉には錠前がかかっていました。近くの人に聞いてみると、子どもがいなくなったので去年の秋に閉校になったというのです。李家山小学校の状況はもっと顕著で、私が最初に来た去年の3月には、たしか50人ほどの児童がいましたが、ここもまもなく閉校になるそうです。なぜそんなにも急激に児童が減ってしまったかというと、家族ぐるみで下の磧口、あるいはもう少し遠くの町に引っ越してしまったからです。

村人が一家そろって山を下りてしまう“離村”現象を支えてるのは「打工《ダーゴン》」、つまり出稼ぎ労働です。ひと昔前まで、農民は法的にも農地を離れることは許されなかったのですが、最近になって、都市の需要が農民の流動を追認することとなり、“猫も杓子も打工”の時代がやって来たのです。すでに磧口でも村を捨てて都市に移転した家族は多く、空き家になっているヤオトンは、1ヵ月50元も出せば、簡単に借りることができるのです。

そして、親の教育熱がどんどん高くなっているということもあげられます。こういった“辺地”の小学校の教員は、「代課老師《ラオシ》」といって、師範学校を出た正式な老師ではありません。親は自分の子どもに“標準語で、もっといい教育”を受けさせたいという思いがあるのです。

そこで山の上から家族そろって磧口に下り、子どもの教育と生活の向上のために父親は打工、母親と老人が残って農地のめんどうを見るといった図式が定着してきているのです。

日本の農村が、かつて豊かさを求めて歩んできたのと同じ道を、いま中国の農民たちは、日々猛スピードで追いかけているようです。

☆老師…教師

薛開考　シュエカイカオ（75歳）

堯昌里　ヤオチャンリィ

あるとき私たちが逃げ遅れて、十数人が全員捉まって村に戻されたことがあった。私たちは彼らの言葉がわからなかった。日本人は私たちを村の裏山にあったひと部屋に連れて行き、外から鍵をかけた。ここでは殴られたりしなかったが、ふたりの若い女性が連れ去られ、ほかの人は鍵がかかったその部屋にとじこめられた。日本人が行ってから、村の人が帰って来て扉を開けてくれた。日本人がどこへ行ったのかはわからなかった。

数日たって連れて行かれた女性のうちひとりは帰って来たが、もうひとりは消息が消え、いまに至っても消息不明で、殺されたのかあるいはどこかに連れて行かれたのかわからない。帰って来たその女性は今も生きている。当時彼女は十何歳で、現在は80歳過ぎだ。その後、彼女はときどき私の妻と一緒におしゃべりをしているときに、あのときたくさんの日本鬼子に輪姦されて以来病気がちで、いまも治ってはいないといっていた。私は当時12歳だった。

またあるとき、私たちは馬杓峁《マーシャオマオ》の正面の崖に隠れていた。向かいの山の上でひとりの人が日本人に殴られて大声で泣いて、泣き過ぎてもう力もなくなっているように見えた。その後、日本人は火を焚いて、彼を殴って火柱の中に突き落として焼き殺した。

ある人が私の伯父が日本人に殺されるのを見た。村の人が私たちを伯父が殺されたところに連れて行ってくれた。伯父の身体には数発の弾丸があたっていた。加えて刀で腹を割かれていて、腸が外に引きずり出されていた。見ていた人が私たちに、伯父は日本人が来て逃げるときに、日本人に後ろから追いかけられたが、追いつくことができなかったので、日本人は遠いところから発砲した。伯父は弾があたって倒れ、日本人がやって来て刀で腹を割いた、と教えてくれた。

2番目の伯父も日本人に殺された。死んでから彼の16歳と15歳の女の子と10歳前の男の子は全部死んだ。彼の母親も死んだ。妻は子どもたちが死んでから他家へ嫁いだ。当時は医学も発達していなくて子どもがたくさん死んだ。私の村のある女性は16人の子どもを産んだが、ひとりも育たなかった。

ある女性は、子どもが産まれそうなときに日本人が来ると聞いて外に逃げて、野原で子どもを産んだ。ときにはまさに飯を食べようと碗を持ったときに、日本人が来たと聞いて、碗を投げ捨ててすぐに逃げた。普通、村人が遠くまで逃げて隠れたときは、日本人も見つけられなかった。いったん見つかれば殺された。あの頃の環境は劣悪だったけれど、それでも人々は頑強に生き抜いてきた。

（2007年10月16日採録）

高繩大　ガオシャンダー（82歳）

磧口　チーコウ

民国28年正月28日、私が13歳のときに日本人は磧口にやって来た。最初に西頭村《シートウ》で十数人が殺された。ほんとうに残酷だった。数人を捉まえて縄で一列に繋ぎ、刀で脅迫して凍結した黄河の上を歩かせた。黄字峪《ファンズーイー》のひとりは胸を開いて内臓を破壊され、心臓をつかみ出された。その後、隣の西湾村で“裸体会”を開き、捉まえてきた男と女の衣服をすべて脱がせて日本人はおもしろがった。

磧口に来るたびに毎回火を放ち、私の家の2軒のヤオトンも焼かれた。全部で5対の門も焼かれ、焼かれては買い、買ってはまた焼かれた。

私は日本人が来ても1度も捉まったことはなかった。むしろ逃げ遅れて殺されようとも、彼らには絶対捉まりたくはなかった。

（2007年11月29日採録）

※ 2009年4月死亡

☆民国28年…1939年

陳在明　チェンザイミン（84歳）

陳家垣　チェンジァーユエン

1度私の父が部屋で眠っていたときに日本人が入って来て、壁にかけてあった写真に目を留めた。それは私の兄が軍服を着ている1枚の写真だった。その頃、兄は南京の軍官学校で学んでいた。父は形勢が悪いと見てとって、炕から下りて外に出た。日本人は父が逃げたのを見て、追いかけて来て銃の引き金に指をかけ発砲しようとした。丘の上にいた村人が父に「逃げるな。逃げないほうがいい。でないと命を落とす」といったので、父は停まった。日本人は彼を磧口の1軒の宿屋に連れて行った。お互いに言葉がぜんぜんわからなかったから、父は日本人に自分のゴツゴツとささくれ立った手を見せ、自分が農民であって決して八路軍ではないことを証明しようとした。宿の主人は父を知っていて、地面に数個の字を書き、日本軍の上官に父は一介の百姓であると説明した。その後、日本人は父に数回水桶を担がせたのちに解放した。

（2007年10月19日採録）

劉有生 リョウヨウション（81歳）

西頭 シートウ

日本人は汾陽で一度に47人を殺した。そのなかに私の父がいた。当時私の父は周りの村の47人と一緒に汾陽に荷を運んでいた。汾陽の慶勝店《チンションディエン》に行って、荷を整えてから食事をしようとした。東則番《ドンザーファン》のひとりが外へ酒を買いに行って、帰って来ると日本人が旅館を包囲しているのが見えた。それで彼は酒を投げ捨てて逃げた。けっきょく、48人のうち彼ひとりが逃げ、そのほかの47人と店の主人が捉まった。2日目、日本人はこれらの人を刀で刺したあと、生死にかかわらず、大きな穴に投げ入れた。その場で死んだ人もいた。日本人が周りを見張っているので、まだ生きている人も上がって来ることはできず、誰も救けに行くこともできず、やがて徐々に餓死した。

（2007年11月27日採録）

薛銀川 シュエインチュアン
(75歳)
馬杓峁 マーシャオマオ

日本人が私たちの馬杓峁にやって来たのは、1度は明け方だった。国儿《グオアル》と呼ばれた人は弾があたって死んだ。死んでから家の門や窓に火をつけられ、死体がその上で焼かれて骨すら残らなかった。

私の義母は数着の新しい衣服を持っていた。日本人が来たとき彼女はそれが奪われるのを怖れてすべて自分の身につけた。日本人はそれを見て彼女は金持ちに違いないと思い、金を要求したが、実際は彼女にはまったく金がなかった。

それから馬杓峁のおばさんたちが捉まってズボンを脱がされ、並ばされ庭中を走らされた。そのなかのあるおばさんは足に少し障害があって速く走れなかった。日本人は高粱の枝で彼女の足を殴りつけた。若くて美しい女性は必ず強姦された。馬杓峁の結婚したばかりの15歳の嫁は日本人に捉まり、椅子に縛り付けられて陵辱された。

(2007年10月13日採録)

樊家山 ファンジャーシャン

古鎮賓館の隣の部屋にしばらく前から郭《グオ》老師という30歳くらいの人が住んでいます。北京で美術の先生をしていたのですが、退職して黄土高原の絵を描きに来ているのです。標準語が通じるので、劉老板と3人で毎晩のように酒を飲むようになりました。古鎮賓館は先代から写真館を兼ねていて、カメラもプリンターもみなmade in japanなので老板は日本びいきです。“磧口一のお調子者”といわれているだけあって、とても気軽になんでも引き受けてくれるし、なにしろ情報通なので、まずは情報を得るために、毎晩毎晩おつき合いをしているのです。老板も磧口一ボロイ自分の宿に“外国人”がずっと泊まっているというのも、ちょっと自慢のようです。

そんなある日、郭老師の学生時代の友人という人が訪ねて来ました。同じ臨県の村で小学校の先生をしている張《ジャン》老師です。彼が住んでいるのは、招賢鎮《ジャオシィエンジェン》の樊家山という村ですが、磧口から東へ25kmほど行ったところにある炭鉱町招賢まではバスが走っています。数日後、さっそく郭老師について返礼訪問に出かけることにしました。途中で乗り換えるので2時間ほどかかりましたが、到着してみると町全体が炭塵で煤けて、道路も建物も道行く人の顔まで黒ずんで見えました。それでも春節の対聯《トイリィエン》の紅だけはまだつやつやと美しく、数十軒の店舗が並ぶかなり賑やかな街並みでした。

そこから4kmほど離れた山の上に樊家山小学校はあります。校長先生に電話をすると、自らバイクで迎えに来てくれました。私たちは、招賢の町で酒やお菓子を持てるだけ買い込んで、2台のバイクで小学校に向かったのです。

黄色い砂煙、まったく煙のように軽くて細かい黄砂をモクモクまきあげながら山道をどんどんどんどん登って行くと、高原のほんとうにてっぺんに、ぽつんと小学校はありました。黄土高原の山並みは、もう私にはすっかり見慣れた風景だと思っていたのですが、バイクを降りてぐるりと360度頭を回して、あらためてフーッと感嘆のため息をついてしまいました。そこはもう磧口などよりずっとずっと、比べものにならないほど“黄土高原”だったのです。

眼下に果てしなく広がってゆく高原の尾根と、すみずみまで耕された耕地の等高線は、まったく大海をうねり続ける波のようです。大自然と小さな人間の営みとがぴったり一体となった風景そのものが、いまも悠久の時をザワザワ刻み続けているようでした。

私は自分の存在を、この黄土の風景に揺り動かされ軽く笑い飛ばされたみたいで、到着そうそう船酔いにも似た気分に襲われてしまいました。そして、その日のうちに樊家山に引っ越すことに決めたのです。　（2006年3月12日）

☆鎮…県の下に位置する行政単位。招賢鎮の行政所在地は招賢

☆対聯…104ページ参照

樊家山小学校

樊家山小学校は、「希望工程」という貧困地区の児童教育を支援する官民共同組織の寄付金で、2003年に建てられた学校です。そして、遠くから通って来る子もいるので、ここは寄宿制になっていて、児童の3分の1ほどが学校の中に住んでいます。現在児童数は99人、先生が7人で、先生たちもみな学校に寝泊りしています。職員室も宿舎も一緒で、郭老師は張老師の部屋、私は2人の女性教師の部屋に泊めてもらうことになりました。でも困ったことには、彼女たちはみな9時頃には寝てしまうのです。私にようやくエンジンがかかる時間です。

そして、朝は6時にはけたたましく予鈴が鳴り響き、なんと6時半から1時間、朝の自習が始まるのです。その後、朝食をはさんで6時間の授業があり、夕食を済ませてから8時まで、これまた自習の時間なのです。こんなに勉強ばかりしてたんじゃ疲れ切ってしまうと思うのですが、この時間割はほぼ全国共通です。

けれど、疲れ切っているかというと、ぜんぜんそんなことはなくて、みな明るく元気いっぱい。とにかく朝から晩までずっと一緒にいるわけですから、99人が全員兄弟姉妹、106人がひとつの家族みたいな学校です。そして107人目と108人目も、その日すぐ、当然のように仲間に加えてもらえました。

つけ届け文化

私たちが学校に泊まることができるのも、すべて校長先生のご好意ですから、最初にあいさつをしたとき、愛煙家の彼に「中華」というタバコを1箱渡しました。このタバコはとある人からもらったものですが、1箱が40元します。私もまだ吸ったことがないので、そのうちに彼が封を切ったら、1本くらいはすすめてくれるだろうとさもしいことを考えていたのですが、いつまでたってもその気配がありません。

で、そのことを郭老師に話したら、「彼はあのタバコの封を切らない」というのです。「どうして？」と聞くと、「あれはそもそも一般人が吸うためのものではなくて、上の人への"つけ届け"用のタバコなんだ」そうです。だから、次に政府の役人が学校の視察にやって来たときにそっと渡すだろうというのです。

そして、「マオタイ酒とか超高級な酒があるだろ。ああいった酒はもらった人は自分で飲まないで、上の人への"つけ届け"に使い、その人はまた上の人に、その人はまたまた上の人に届ける。けっきょくいつまでたっても封が切られることはなく、ときには10年以上もぐるぐる廻ってるのさ」。

しかし考えてみれば、日本でも歳暮、中元など、いってみれば"つけ届け"文化はいまも根強く残っています。ただし、他人からもらったものを黙ってタライ廻しするというのは、バレたら超カッコ悪いので、日本人にはなかなか思い切りがいるのではないでしょうか？

それにひきかえ、「中華」や「マオタイ酒」のような商品が、最初っからそのためにこそ存在しているのだとみなが認知しているのであれば、なにも姑息な心情に陥る必要はないわけで、合理的でリサイクル精神にかなっていて、堂々と胸張って"つけ届け"ればいいことになると、妙に納得した気分になりました。

学校給食

この地の習慣では、食事は1日2回、朝まず畑に出てひと仕事終えて、午前10時頃に家に戻って朝ごはん。午後からまた畑に出て、夕方5時くらいに夕ご飯といったパターンです。もともとがビンボーで、3回もは食べられなかったということらしいです。

樊家山小学校の給食も、午前9時半と午後4時半の2回です。私もずっと子どもたちと一緒に食べているのですが、果たしてこんなもので育ち盛りの子どもたちの栄養が足りるのだろうか？　と首を傾げたくなるほどに質素なメニューです。

朝は麺かご飯に、白菜とジャガイモ、サツマイモを炒めたものをかけて食べます。夕食は、小麦粉を練って蒸かしたマントウと、粟粥か玉子スープ。毎日毎日これだけです。量こそ好きなだけ食べられるものの、肉や豆腐、緑の野菜、まして果物などにはこれまで1度もお目にかかったことはありません。もちろん先生たちも同じものを食べています。

「日本から来た人にこんなもの食べられますか？」と校長先生が気を遣ってくれるので、「おいしいですよ」といわざるを得ないのですが、はっきりいって、マズイです。給食費は1日2元、つまり30円。せめてあと1元あればと思うのですが、なかなか親の賛同が得られないと、給食のおじさん楊《ヤン》ミンが嘆くことしきりでした。

炭鉱事故

引っ越してそうそう、樊家山で炭鉱事故が発生したのです。ゆうべは0時過ぎまで救急車のサイレンの音がウヮンウヮンウヮンと、まるで野生動物の遠吠えのように高原の闇を引き裂き、私も眠れない夜を過ごしました。今朝から政府の関係車両が50台くらいも続々到着し、山西省の書記も来たし、中央テレビ局も来ているようです。

昼頃になってようやく状況がわかってきました。出水事故が発生したのは昨日の午後3時半頃。そのとき坑内には58人がいたけれど、30人は自力で脱出し、残りの28人が地底に取り残されているそうです。しかし、この坑道は深さ400mあり、水はすでに120mのところまで来ているので、生還の可能性は絶望的だというのです。

ところで、実は私は事故が起こる3日前に、郭老師と一緒にこの炭鉱を訪れているのです。私たちがウロウロしていると、ちょうど炭住にいた顔見知りの人が呼び止めてくれて、部屋の中に入れてもらいました。彼自身は歳もとっているので、坑内には入らないといっていましたが、地下に潜っているのはほとんどが四川省、甘粛省などから来た“外地人《ワイディレン》”だということです。

部屋の2段ベッドには夜班だという青年が眠りこけていましたが、あの彼は無事だったのでしょうか？

そして、私は家族宿舎にいた四川省から来たひとりの少女の写真を撮りました。焼いておくのであとで小学校まで取りに来てほしいといって別れたのですが、いまはただ、この写真が少女の手に渡ることを祈るばかりです。

☆外地人…その土地以外から来た人のことを“外地人”と呼ぶ

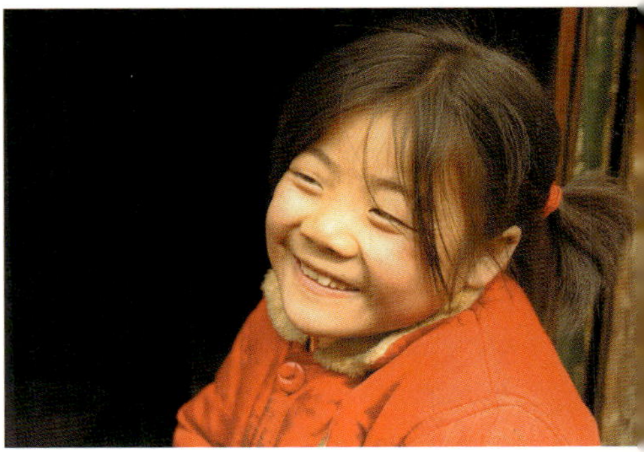

家族写真

炭鉱という、死と隣り合わせの危険な職場で働いている“命知らず”の男たちには以前からとても興味があって、炭鉱には何度か行ったことがあります。サンアの老公の働く柳林《リュウリン》の炭鉱に連れて行ってもらったときのことです。

炭住のひと部屋をのぞいてみると、甘粛省から来たという、20代から40代までの7人が一緒に暮らしていました。なかに、ひとりだけ標準語を話す人がいて、聞いてみると、つい最近まで広州で4年間人民解放軍にいて、昨年から炭鉱の仕事をするようになったそうです。

私は坑内の様子など聞いてみたかったのですが、話はいきなり“靖国・教科書”になってしまいました。私はつたない中国語とはいえ四苦八苦、なんとか自分がいちばんいいたいことだけは伝えました。

王チェンは、最初はいかにも軍人といった硬い表情で聞いていましたが、「日本人を見たことはあるが、話すのは初めて」だそうで、私のいいたいことをじきに理解してくれました。

「こんなところに来て日本人と話ができるなんて思ってもみなかったよ。大歓迎さ、いつでも来てくれ」

「結婚してるの？」

「してる。女の子がひとりいるよ」

「家族は心配しない？」

「うん、家族は反対してる。でもここは公営だし、これまで事故起こしたことがなくて安全。それに、実をいうと、石炭掘る機械は日本製なんだ。しばらく働いてお金ためたら辞めるつもりさ」

「お金は何に使うの？」

「子どもを大学までやりたいんだ」。

ひと昔前ならば、家族を食べさせるため、というギリギリの選択肢だった炭鉱も、日々発展を続ける現代中国では、少しずつ趣が変わってきているようではあります。

そして1時間後には彼は立ち上がって、「甘粛料理を食べていってくれ」と室内にあったカマドに火をくべ出したのです。

外に出てみると、四川省から来たという少数民族の母子が、坑内で働くお父さんの帰りをじっと待っていました。次に来たときには、お父さんと一緒に「家族写真」を撮ってあげると約束をして、夕闇迫る炭鉱をあとにしました。

旅芸人の一座

樊家山に“旅芸人の一座”がやって来ました。この地方では、3月後半から4月頃にかけて、「晋劇」という“山西版京劇”の公演が各村で行なわれます。村人たちがお金を出しあって呼ぶもので、普通は3泊4日間行なわれます。嫁いだ娘たちや出稼ぎに行った息子たちが帰って来て、家族や友人たちでだんらんを囲み、とりわけ老人たちにとっては楽しみな日々です。小学校もこの間は休暇に入ります。そしてこれが終わると、高原の段々畑に農民たちの姿が見られるようになるのです。

この日やって来たのは総勢50人、空いているヤオトンに寝泊りしての興行です。太原に本拠を置いている劇団だそうですが、ずっと旅から旅への生活で、定まった住所はないとみんないっていました。

私はあちこちの村で何度も舞台を見ているし、裏方の方に興味があったので、ビデオを抱えてもっぱら楽屋をウロウロしていました。ところがこの劇団のマネージャーらしき若い人が、やたらと私に突っかかってくるのです。そこで例によって、「私は個人でここに来ているのであって、日本人を代表しているわけではない」とことわってから、PAなどを仔細に点検し、「あんたたちが使ってるの東芝じゃないの。そんなに日本が嫌いで、なんでこれ使ってるの？」というところから始まり、テレビの抗日物を真似て、聞こえよ

がしに「メシメシ、バカヤロウ、ヨシ……」をくりかえす役者たちの発音を直してあげました。彼らも日本人と口をきくのは初めての人ばかりですが、毎日この調子でやっているので、じきに仲良くなって、タバコを交換したり、ご飯をご馳走になったりしました。別れるときには、次の興行先まで一緒に行こうと誘ってもくれたのです。私もこれには大いに惹かれました。もうしばらくして時間が取れるようになったら、彼らと行動をともにして、ぜひとも『旅芸人の記録』を撮りたいと考えているのです。

錆びた日本刀？

樊家山から小一時間山を下りたところにある段家塔《ドゥアンジャーター》で晋劇があるので、郭老師と出かけました。しかし例によって中国時間で、いっかな始まりそうにないので、2人で近くをブラブラしてみることにしました。かなり古そうな家があったのでのぞいてみると、中庭に石を敷きつめた伝統的な四合院住宅で、庭にいた家人と雑談をしていると、突然彼は、その家に戦争中日本人が住んでいたというのです。

「日本軍が来た」というのはどこででも耳にするのですが、「日本人が住んでいた」というのは初めて聞きます。私はびっくりして、よくよく聞いてみたのですが、日本人ではなく、日本軍に協力した中国人スパイ、つまり“漢奸《カンカン》”のことでした。彼は続けて、近くの家にその男が残していった“日本刀”が保管してある、というのです。

ロクナモンではないと思いつつも好奇心には勝てず、その家に行って見せてもらうことにしました。おばあちゃんが大事そうにタンスの奥から出してきた古布に包まれたひとふりの刀剣は、その刃の反り具合や鍔の形が、私がこれまで見たことがある日本刀やサーベルとは明らかに異なっています。なんだかとても“安っぽい”感じがしたし、郭老師もきっと中国製だろうといいました。

おそらくは、イヤきっと、中国人の血をたっぷりと吸って赤茶色に錆ついているその刀が、日本製ではなかったということに、私はなんだか力が抜けてホッとため息をつき、おばあちゃんはあたかも骨董品の価値が下がったかのように、ちょっとガッカリしたような表情を見せました。

六六《リョウリョウ》

樊家山に「六六」という名の若者がいます。普段は炭鉱で働いているのですが、まとめて休暇をとるので、そのときには取材を手伝ってもらっています。彼には6人の兄弟姉妹がいて、長女は「一一」次女が「二二」で、末っ子の次男が「七七」という名前です。六六がいうには、親が字が書けなかったのでそういう名前になったそうです。

で、高家塔に行ったら「五五」というお姉さんが住んでいて、胡家圪塬《フゥジャーガドゥオ》には「三三」がいました。劉家庄《リュウジャージュアン》という村には「一一」が、宋家圪塬《スンジャーガドゥオ》には「二二」が住んでいます。「四四」は樊家山にいます。それでみんな六六から私のことを聞いているので、どこに行っても歓待してもらえるわけです。ここではとにかく、お客さんは遠くから来れば来るほど、よく来てくれたと歓迎され、友達の友達は友達で、国籍は関係ありません。

それにもちろん、「ウチの村の◯◯老人は昔のことをよく覚えている」とか、「来週××の家で結婚式がある」とかいう情報がすぐに入ってくるので、とっても便利な六六なのです。

ペットは無用

“流れ者にペットは無用”の掟はあるけれど、私はこちらに来てからずいぶんいろんな小動物を飼っています。まず最初は「金魚くらいなら」と、離石に行ったときに屋台のおじさんから10匹買いました。ところがこれが次から次へ死んでしまって、結局1匹も残らなかったのです。あとでわかったことは、樊家山の水で魚は飼えないらしく、それはちょっこ不気味なのですが、たしかに、どこに行っても金魚鉢など見たことがありません。

それで、次には「亀なら丈夫だろう」と思って、同じ金魚売のおじさんからミドリ亀を3匹買いました。このうちの2匹は、じきに近所の“悪がき”に盗まれ、残った1匹は、河南坪にいたときに、大きな水ガメのなまずやら貝やらと一緒に突然死んでしまいました。なにか有毒物質が流れ込んだということでしょう。

次には、離石の市場でウコッケイのツガイを30元で買いました。もちろん食用に売られているものですが、外は猫がいるので、部屋の中にトリ小屋を作って、大きくなって卵を産んでくれるのを待ちましたが、けっきょく日本に帰るときに2軒隣のハオリョウのママにあげました。鶏のヒナを5羽、磧口で買って、これもハオリョウのママにあげて、彼らはいまでも、食べられたのもいるけれど、ヒナも孵っているので、その家で元気に暮らしています。

その後、アヒルのヒナを3羽買ったのですが、これは3日目の夜中にネズミに食べられてしまいました。部屋にネズミが住んでいることはわかっていたのに、まさかネズミがそんなに獰猛な動物とは知らず、これは私のミスでかわいそうなことをしました。

その次にある日、突然うさぎがやって来ました。六六が二二からもらってきたもので、私は「うさぎ」という名前をつけて、ほんとうにかわいがっていたのですが、2匹の猫に同時に襲われて死んでしまいました。ケガはほとんどなかったのに、襲撃されたショックで死んだのだと思います。うさぎは啼くことができない動物ですが、もしもあのとき、危機を察知してひと声啼いてくれたなら、うさぎの命は守れたのにと、いまでも思い出すと涙が出ます。

それから、同じヤオトンで暮らしている張老師や郭老師が次々と犬を拾ってくるので、これまでに5匹も面倒をみました。ところが、3匹はジステンパーに感染して死んだのですが、あとの2匹は、私がいない間に鍋にして彼らが食べてしまったのです。湖南省出身の郭老師は、「犬は栄養があって、とてもうまいんだぜ。村の人も初めて食べて味をしめて、今度はいつやるんだとうるさいんだ」と、平然というのです。

私が文句をいったら「日本人は毎日のように、いけすの魚を生きたまま踊り食いしてるじゃないか、どこが違うんだ？」というのですが、ぜ〜〜んぜん、まったく違います。魚は呼んでも寄って来ないし、留守番もしません。

もうとにかく、かわいそうだから、ぜったい2度と動物は飼わないと、あらためて肝に銘じていたら、先日磧口に行ったとき、薬局の老板にとんでもないことをいわれてしまいました。「あんたずいぶんかわいがっていたけど、観光用に買ったあのラクダ、採算が合わないんだよ。買ってくれない？」。

その後、私はまた“掟破り”をしてしまって、いまはこんな犬と一緒に暮らしています。名前は「なつめ」です

樊斌　ファンビン（72歳）

樊家山　ファンジャーシャン

1942年12月に日本軍が三交にやって来るまで、私の父は晋劇の劇団のオーナーで、役者、演出家でもあった。父が35歳になるその年は、一家に驚天動地の激震が走った年だった。私は当時8歳だった。

鉄生《ティエション》という男がいたが、彼は小さい頃、伯父に買われて、役者として育てられてきた劇団員で、歌もとてもうまく名も出ていた。その男がある日、金皮隊の人間と日本兵を連れて我が家にやって来て、家の中を隅々までひっかきまわした。彼も金皮隊の一員になっていて、私の家に金があることを知っていた。

当時略奪されたものは、紅皮の甕に入った銀の装飾品と大きな甕に入った銀貨、6つの箱に入った舞台衣装、炕の上に敷いてあった6枚の上海製の絨毯、それからアヘンの入った小さな壺とそのほかのタバコ、私が4歳のときに父が注文してあつらえてくれた金の鎖で、最後には部屋も破壊した。あのとき私の家が失った財産は、合計で1万両の銀貨の価値があった。父は屋根に上って日本人が自分の家のものを次々に持ち出すのを見ていたが、下に降りようとはしなかった。日本人がいなくなってから、鉄生は父の前に跪いて、日本人に脅迫されてほかに方法がなかったのだといった。翌正月、怒りと絶望に猛り狂った父は、吐血して36歳で死んだ。母は他家に嫁いでいった。

家を失ったその年、私は9歳で、43年9月に伯父が私を三交に迎えに来て、私は招賢の樊家山に引き取られた。ところが、私の忌々しい運命は三交を離れてもなお終わらなかった。12月に日本軍が樊家山にやって来たとき、伯父は用があって外出しようとして日本兵とばったり出遭ってしまった。びっくりした彼は持っていた荷物も放り投げて急いで谷間の洞窟に隠れたが、そのとき一緒に隠れていたもうひとりの男が、様子を見に洞窟を出たところを日本兵に見つかってしまった。日本人は伯父の銀貨とふろしき包みを奪ってから、向かい側にあった崖の上、いまの小学校があるあたりに連れて行って彼を殺した。そのとき伯父は49歳だった。もうひとりの男も日本兵に別のところに連れて行かれて銃で撃ち殺された。

あの日、12月2日は、私たちの村では全部で11人が殺された。そのうちの9人は、隣村の賀家湾《ハージャーワン》の壕で窒息死した。あのとき壕の中で死んだ人は、みな7つの穴から大出血し、頭髪はすべて抜け落ち、見るも無残な姿だった。私の母は、伯父も殺され、私も壕の中で死んだと思って、傷心のあまりに病んで死んでしまった。戦争が終わって三交に帰っても、母を見つけることはできなかった。

(2006年3月15日採録)

※ 2008年3月死亡

郝生普 ハオシャンプー（79歳）

段家塔 ドゥアンジャーター

伯父といとこは日本軍が村に略奪にやって来たときに銃で撃ち殺された。村人は日本軍が来たと知るとみんな逃げ隠れたが、伯父は当時小さかったいとこを抱いていて逃げ遅れた。日本兵はそのとき逃げるなといったらしいが、伯父は日本兵のいっている言葉が理解できなかったため、けっきょく銃で撃たれて死んだ。

父が殺されたとき、自分は15歳だった。当時父と村の数人が日本兵に捉まった。村人は縄で縛られて隣の村に連れて行かれ、そこで殺され、死体はガソリンをかけて焼かれた。父は膝が悪くて歩けなかったので、その場で軍刀で顔を2ヵ所切られ、額を2ヵ所刺され、苦しみながら翌日死んだ。

自分は学問がないが、もしもっとたくさんの字を知っていたら、八路軍に参加して祖国に貢献したかった。

（2006年3月13日採録）

薛福子 シュエフーズ（76歳）

劉家庄 リョウジァージュアン

寝るときは服も靴下も脱がなかった。蒲団も敷かず、巻いておいて逃げるときに担いだ。日本人は昼夜の別なくやって来るので、村人はいつでも逃げる準備をしておかねばならなかった。どの村でも山の上には歩哨がいた。棒の上に草を縛りつけて、何かあったらそれを倒し、村々に通知した。逃げるときは織りかけの布を機からはずし、糸すら持って逃げた。日本人は何もかも焼き尽くしたからだ。混乱のなかで子どもを落としてしまっても、それにも気がつかないほどだった。落ちて死んだ子ども、凍死した子どもは多かった。女性たちは捉まるのを怖れて服を破り、まぶたの上に煤《すす》を塗った。女の子は破れた綿入れを着て、服の外に綿がたくさんはみ出ていた。日本人は老若男女の区別なく人を殺した。

（2007年10月26日採録）

劉全海 リョウチェンハイ（75歳）

郝家山 ハオジァーシャン

日本人に捉まって三交に連れて行かれ、28日間働かされたことがある。誰かが共産党員に肩入れするような話をすると、すぐに連れ出されて切り殺された。1日に8人殺されたこともあって、恐怖で小便をもらしたくらいだ。日本人の犬が私たちの後ろにいて、ちょっとでも動くとすぐに咬みついた。私が怖くて震えているのを見て、ある人が後ろに行きなさいといった。「おまえはまだ子どもだから彼らだって何もしないさ」。

捉まったときは米を食べた。1度も碗を洗うことなく、鍋を洗うこともなく、ブタを飼うのと一緒だった。決まった量しか食べられなかった。小便は外に出られず、部屋の中でして、大便のときだけ外に出られた。

（2007年11月21日採録）

薛俊蘭　シュエジュンラン（80歳）

高家焉　ガオジァーイエ

私は1942年に17歳で共産党に入党したけれど、当時は自分が党員だとは誰にもいわなかった。会議はいつもあちこちで隠れて開き、ときには野外で開いた。外には歩哨を立てなければならなかった。もしも日本人に知られたら、捉まって全員すぐに首をはねられたからだ。

当時はとても恐ろしかったので、誰も近くで日本人を見ようとは思わず、私も遠くから見たことがあるだけだ。日本人はカーキ色の軍服を着て、とてもたくさんの人でやって来た。おじいさんやおばあさんが大きな声で泣き叫んだ。彼らは恐ろしかったのと同時に、大きな声で泣いて、ほかの村人たちに早く逃げるように知らせたかったのだ。

（2006年12月3日採録）

中日友好写真館

樊家山の住人になって半月後くらいに、村の老人3人にスナップ写真を焼いてあげました。するとこっちがもうびっくりするほど喜んでくれて、張老師に聞いてみると、「そりゃあここでは、老人は写真なんて1枚も持ってない人がほとんどだし、葬式に飾る写真もないんだから、大喜びさ」というのです。

私はそんなささやかなことでいいのなら、村の老人たちの写真を撮ってあげようという気になり、さっそく大家のばあちゃんを呼んで、「60歳以上の人なら誰でもタダで撮ってあげますよ」といったのですが、それから10分もしないうちに5人がやって来ました。

翌日からはもうひきもきらずにお客さんがやって来て、おちおちごはんも食べていられません。日中は陽射しが強すぎるので、「明日5時頃に来てください」というと、翌朝5時にドンドン扉をたたくじいちゃんもいたりで、ついに部屋の前に貼紙を出すことにしました。

「中日友好写真館　午後5時開店　60歳以上の老人はひとり1枚無料です」

その後も中日友好写真館は大繁盛です。私は昼間はだいたい外をブラブラしているのですが、夕方部屋に戻ると、扉の前でだいたい2、3人は待っています。写真など撮ったことがない人がほとんどなので、レンズを向けるとみな緊張して直立不動に固まってしまうのですが、「笑ってください」といっても言葉が通じません。仕方なく、まずはそういった正面写真を撮り、さぁ終わりましたよといって彼らの緊張が解けてから、またスナップを撮ったりしているのですが、モニターを見せて希望を聞くと、やはり正面写真をほしがります。笑って歯が見えているような写真はいらないというのです。写真など撮ったことがない人にとっては、やはり“後世に残る”正しい記念写真がほしいのかもしれません。

そうこうしているうちに、なんでも大きいもの好きの中国人ですから、「もっと大きいのがほしい」というじいちゃんが現われたのです。そこで私はのちのちの懐具合を考えて、「それはいいけど、差額をじいちゃん自分で払ってくれる？」といったのですが、彼はしばらく思案した末に、「お金は払うから、やっぱり大きくしてほしい」というのです。もちろんOKですが、すると傍にいた“お客さん”たちが、我も我もと、「自分のは大きくしてほしい」といい出したのです。

私たちには掃いて捨てるほどある自分のポートレートが、彼らにとってはほんとうに貴重な、たった1枚の記念写真にもなるのです。ちょっとでも大きく引き伸ばして壁に飾って、自分が死んでからも子や孫たちに思い出してほしいと考えているのでしょう。

私が撮ったつたないポートレートが、この村ではきっと長い間、色あせるまで大切にヤオトンの壁に飾られるだろうと思うと、なんだか“写真家”冥利に尽きるというか、ちょっと胸にジンときて、差額料金なんて細かいことをいうのはよそうと思ったりもするのですが、イヤイヤ、じいちゃんばあちゃんの要求もけっこうキリがないから、ここはひとつ“心を鬼に”しなければと思ったものです。

ある日、2枚目の写真を受け取りに、杖を突きながら薛《シュエ》じいちゃんが谷の方から登って来ました。彼はどうやらレンズの前に立つ快感を覚えたようです。ところが写真を渡してもお金をくれません。

「じいちゃん、これは有料だよ」

「ない」

「2枚目からはお金もらうっていったでしょ」

「60歳以上が1枚タダだったら、オレは76歳だから、2枚タダでもいいだろう？」

「えっ？　そんな理屈は通らないよ」

「そのかわり歌を歌ってやるよ」

「♪〜…♪〜〜……〜……♪ゼーゼー〜〜♪〜……♪ゼーゼー……♪」

どうやら抗日ソングのようです。これがなかなかの美声で、これならお金は取れないなと内心思ったのですが、途中でゼーゼー何度も息が切れて、聞いてみると心臓が悪いんだそうです。

「じいちゃん、もういいからいいから……」

と、まぁこんな感じで、実際に払ってくれた人はほんの2、3人です。そのうえ、噂を聞きつけた隣村から、ぜひウチにも来てほしいというお声がかかるようになりました。高いところから辺りを見廻すと、谷にも尾根にも中腹にも、ぽつんぽつんと集落があり、あぁあんなところにも人は住んでいるのかと、胸に迫るものがありますが、噂が噂を呼ぶようになったら、いずれ財政破綻がやってくるのも遠い日ではないと、私はいまから心を痛めています。

（2006年3月30日）

春意濃

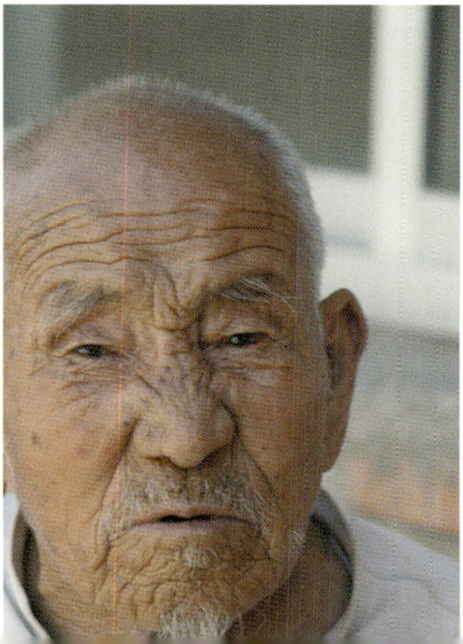

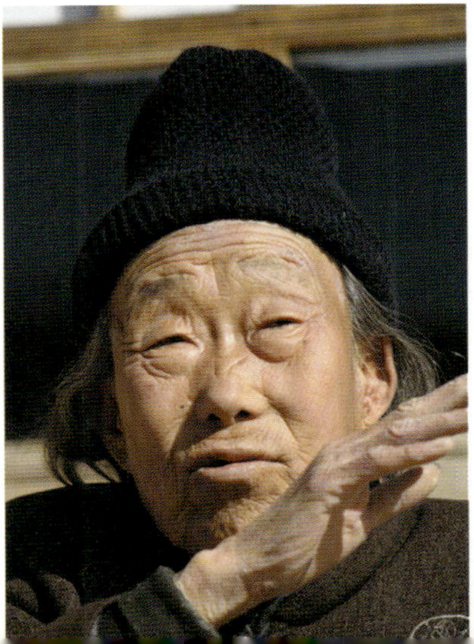

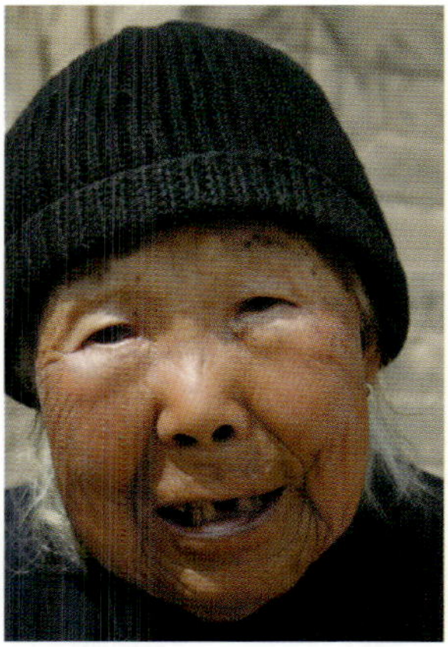

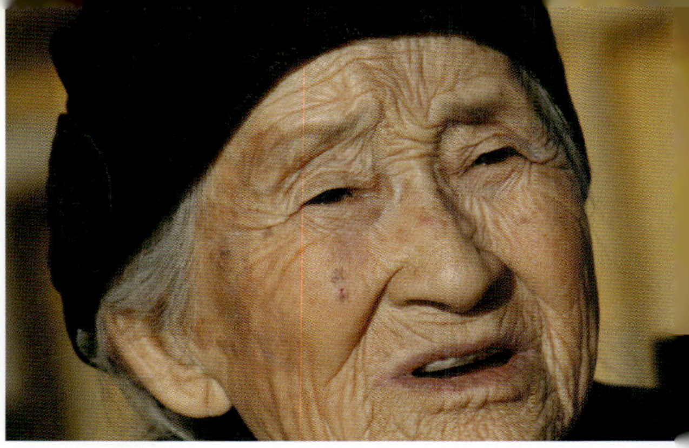

艺术团

母親河 ムーチンハ

坪頭《ピントウ》という地名は、これまでに取材した人たちのなかからも、日本軍による被害がとりわけ大きかった村としてよく名前が出てくるところです。私が最初に坪頭を訪れたのは、昨年の12月でした。このときはまず様子を見るためにひとりで出かけました。樊家山から山を越えて向こう側、50kmもないと思うのですが、坪頭は行政区分では隣の離石市に属します。交通の便がないので、いったん離石まで出て、そこから坪頭行きのバスに乗り換えなければなりません。

“こっそり”下見に行くつもりだったのですが、離石でバスに乗ったとたん「おい、久しぶりじゃないか」と声がかかりました。なんとそのバスの亘掌が以前磧口のバスに乗っていた人だったのです。すぐさま「この人は日本人で……」と、私の身元情報がくまなく車内に行き渡り、彼らの視線がいっせいにこちらをめがけて飛んでくるのがわかります。もうこういうのは慣れましたが、おかげでだらしなく口を開けて居眠りするわけにもいかなくなりました。そして、村に到着すると、さらに2人の人が私を知っていたのです。ひとりは衣料品店の老板で、お父さんが樊家山の人。あとひとりは聯通（プロバイダー）の人で、離石の会社で私を見かけたというのです。もうこうなればこっそりもなにもありません。改めて出直すので、取材できる人を探しておいてくれるようにと頼みました。

2回目に訪れたのは今年の3月初め、現地の方言と標準語が話せる大学生と一緒でした。パソコンにカメラとビデオ、ケーブルとバッテリーその他諸々の付属品に三脚、それに洗面用具一式、着替えがほんのちょっと、プラス離石で買った食料品という重装備です。ところがこのときはもう3月だというのに寒波が来ていたようで、村に1軒だけある簡易宿泊所はまともに暖房もきかず、あまりの寒さと不便さとトイレの汚さに、先に同行の学生の方が音を上げてしまい、またまた体勢を立て直して出直すことになりました。

そして今回3度目の坪頭です。まずは前回バスの中で知り合いになった雑貨屋の薛老板のところに顔を出したら、取材できる人を捜しておいたから明日案内してくれるというのです。

そして翌日、彼が私の荷物も担いでどんどん先へ先へと案内してくれるので、合計4人の老人から話を聞くことができました。ただし、うち2人はすでに高齢

のために記憶があいまいになっていて、文章化するのはちょっと難しそうです。80歳を過ぎていて、60数年前のことですから、わずかに断片的な記憶は残っていても、それを繋げていくにはじっくりと腰を据え、やはり何度も何度も通わなければむずかしいと思いました。

最後に、薛引儿《シュエインアル》という81歳の女性の家を訪ねました。老板がいうには、彼女は当時からの共産党員で、村の幹部も務め、あの時代の農村女性としては滅多にいない“教育を受けた人”だということです。まったく突然の訪問だったのですが、とくに驚いた素ぶりもなく、彼女は多くは語りませんでしたが、ゆっくりかみ締めるような話し方で当時をふり返り、別れ際には、次に来たらウチに泊まるようにといって、門口まで見送りに出てくれたのです。

たしかにこれまでに会った農村女性とはどこか違う、静謐ともいえる知的な雰囲気の持ち主でしたが、私は相変わらず、その場では内容が聞き取れませんでした。しかしあとから老板に、彼女は日本人にお母さんを殺されているのだと聞いて一瞬耳を疑ってしまいました。いったいなぜあんなにも穏やかでいられるのだろう？　母親を少女期に殺害され、その後に初めて会った日本人に向かって、「あなたの活動は立派だ」と、ほめてすらくれたのです。

日本人の私が、ひとり“三光作戦の村”で生活していると、正直いって辛い思いをすることもたまにはあるのですが、ときにこういう人たちに出会えると思うと、自分はなんて幸運な人間なんだろうと思ってしまいます。気の遠くなるような人類の悠久の歴史を紡いできた“母親河—母なる黄河”の畔で、やはりその名にふさわしい素晴らしい女性に出会うことができたと感動しました。

（2007年3月20日）

メッセージ

年末に日本からT君という青年がやって来ました。夏に行った香港の安宿で一緒だったというのですが、私には思い出せません。それになぜ来たいのか要領を得ず、断ろうと思ったのですが、「アドレスを失くしたけれど、ウロ覚えで10回以上もメールを送ってやっと届いた」というのを読んで、なぜか気になって、来てもらうことにしたのです。

3泊4日という短い滞在のなかで、3日目に崇里《チョンリィ》村の高乃清《ガオナイチン》老人の家に出かけました。昨年すでに取材させてもらっていたのですが、そのあと私はビデオカメラを購入したので、ぜひとも映像に残しておきたいと考えたのです。すでに家人からは承諾を得ていましたが、高齢でもあり、健康状態があまりよくないと聞いて、内心、「急がなければ」という思いはありました。

目的の家について扉を押し開けると、奥にある炕の真ん中に高老人はぽつんと座っていました。まるで古ぼけた陶器の置物のようでもあり、スクリーンに映し出された黒い影のようにも見えました。7ヵ月前に会ったときとは見違えるほどのやつれようで、このときすでに、もう取材は無理かもしれないと私は思いました。老人に辛い思いをさせてまで取材をしようという気はありません。

その部屋は、カマドに火こそ入っていましたが、裸電球すら灯されず、うすら寒々として、人の出入りがまったく感じられない部屋でした。生活用品が触れ合う音もなく、ハンガーに掛けられた衣服やタオルもなく、壁のあちこちに広がる大きなしみはまるで黄泉の国の地図、くたびれ果てた夜具は死装束のように白々として、それは私に“死を待つ人の家”をイメージさせました。

老人はすでに意識がときどき途切れるようで、とても私たちの質問に答えられるような状況ではありませんでした。食べ物をもうほとんど受けつけず、医療の恩恵にはよくしていない以上、彼女はすでに彼岸と此岸のあわいを行きつ戻りつしているのでしょう。それでも私たち日本人が来たということはわかったようでした。そのうちに、彼女は折りたたんだ夜具の上に丸く覆いかぶさったまま、しばらく眠りたいといいました。もしかしたらこの眠りは永遠に目覚めることがないかもしれないという思いに駆られつつ、私はこの時点で取材を断念し、ビデオカメラの電源を切りました。彼女はすでに旅立ちの準備をしている。来るのが少し遅かったのです。

そのとき、それまでカメラの後ろにいたT君が、うつ伏せになった盲目の老人の枕辺に進み出てそっと手を差し伸べると、老人は骨と皮だけになった土色の小さな手で彼の手を握りしめ、かすかな声で「よく来てくれた」、といったのです。私はこのとき、この間のT君の不思議な行動の謎が解けたような気がしました。

まもなく80年の人生を終え、墓標のない高原の小さな土盛りの中に還っていこうとしている老人は、自分がこの地に生まれ生きた証を、遠い異国の誰かに伝えたかったのではないだろうか？　この広大な黄土高原の、名もなき小さな村の片隅に生を享け、ときに飢えに苦しめられ、ときに旱魃と闘い、日本軍の侵略に8年もの長い長い眠れぬ夜を耐え、そして、15歳で嫁ぎ、8人の子を産み育てあげた彼女の、それでも自ら思い起こせば“幸せだった”という人生。それが、私という媒体を通じて、時空を超えて日本の心優しいひとりの若者に伝わったのではないか？　だから彼は、その呼びかけに応えるために、はるばる海の向こうからやって来たのではないか？

いえ、単なる偶然の積み重なりには違いないのですが、私はこんなふうに思いつつ、「必ずもう1度来るので、それまで元気でいてください」といとまごいをして、高乃清老人の家に最後の別れを告げました。

近所で赤ちゃんが産まれたと聞いたので訪ねてみました。お母さんにまず、「名前は？」と聞いたのですが、「ない」というのです。もう3ヵ月くらいはたっている赤ちゃんです。どういうことなのかよく理解できなかったので、後日、サンアのところに行って聞いてみました。

起名 チーミン

中国では子どもに名前をつけることを「起名」といいます。日本では、子どもが産まれたらすぐにつけるのがあたり前ですが、中国では子どもが2、3歳になって言葉をしゃべるようになってからつけるのがフツーなんだそうです。じゃ、それまではなんと呼んでいるのかというと、「ドンドン」だとか「パンパン」だとか、適当な名前で呼ぶのだそうです。

おかしいのはここからで、サンアは、「ここらでは正式な名前など、戸籍をとるまで必要がない」というのです。そして、その戸籍が必要になるのは、小学校に上がるときで、そのときになって初めて、役場に出生届を出すのだそうです。でもほんとうは、産まれてから1年以内に届けを出す義務があり、年に2回ほど広報車が村を回って登録を呼びかけるそうです。

「じゃあ、6、7歳になってから登録というのはマズいんじゃないの？」

「何いってるのよ。役場だって自分の村で子どもが増えるの恐れてるんだから」。

なるほど。現代中国の人口は公称13億、一説によると14億とも15億ともいわれる……ともいわれているのですが、なぜそんなに途方もない数字の開きがあるのか、謎が解けました。

ひとりっ子政策

ご承知のように中国はいま“ひとりっ子政策”を採っていますが、正確には『計画生育管理条例』といいます。北京など大都市ではかなり厳格に守られているようですが、農村ではひとりっ子などほんとうに稀で、だいたい2人か3人、多いところでは5人という家だってあります。

2人の男の子がいる、磧口五中（学校）の李《リィ》老師に聞いてみました。この条例によると、第2子を産んで育てる場合、夫婦の収入の20%を7年間、第3子の場合は40%の罰則金を14年間払い続けなければならないことになっています。しかし実際には、農民の場合は現金収入がほとんどないので、だいたい1000元くらい払っておしまい。非農民も不妊手術を受けることを条件に、“まけてもらう”ことが多いそうです。手術は10分で終わり、1週間で抜糸。

「日本にもそういう条例はあるのか？」とよく聞かれますが、「日本は産めよ増やせよ政策を採っている」といっても誰も理解してくれません。

12歳

この地方では、数え歳で12歳の誕生日は特別で、祖父母、親戚や同級生に先生まで呼んで派手にお祝いをします。

呼ばれた方はご祝儀と、餅を10個くらいずつ持って行き、祖父母などは500元くらい、親族は200元とか100元……などとかなりの大金が子どもの親に集まります。同級生も、親が10元ずつくらい持たせるのがフツーだそうです。

それで主催者側がかなり“儲かる”のですが、子どもが何人いても、これがやれるのは、長男か長女の1回だけです。

なぜ12歳かというと、実はこの土地の風習では、12歳が大人の仲間入りをする年齢で、それ以下だとまだ“一人前”の人間として認めてはもらえないのです。“一人前”の人間でないということはどういうことかというと、例えば、死んでも葬儀もしなければ、墓も作らないというのです。

では、12歳以下で死んだ子どもの遺体はどうするのかと、例によってサンアに聞いてみたら、「棺にも入れず、服も着せず、裸のまま河に流すか、山や河原に放置して自然のままにまかせる」というのです。

う～ん、清朝明朝の世ならいざ知らず、有人衛星が飛ぶ21世紀のいまどき、そんなことがあるのか……と信じられなかったのですが、彼女は「ほかの土地のことは知らないが、この界隈では昔からそうだったし、いまでもそう。お金があるなしは関係ない」というのです。

“人権擁護団体”が聞いたら腰を抜かしそうな話ですが、ときの流れ方が違うというか、人の命の数え方が違うというか、なんといったらいいのか、人類の祖先が生まれた母親河の流域なら、あり得るなぁ……と、黄河の河面を眺めながら、私は妙に納得したのです。

樊家山から磧口へは交通の便が悪く、途中の林家坪《リンジャーピン》というところで、いつ来るかわからない乗り換えのバスを待たなければなりません。今回は、1時間ほど待っていたら、磧口まで行くミニバンが私を拾ってくれました。そのミニバンは何をしていたかというと、臨県にある私立中学校の生徒募集のビラをあちこちに貼ってまわっていたのですが、私はそのビラを見て、またしてもう〜んと唸ってしまいました。

中国には中学校に進学するときに「中考」という各省で行なわれる統一試験があるのですが、まずは、その成績が620点満点の370点以上でないとこの学校に入学する資格はありません。そして、450点以上とると、学費も寮費もタダという完全な特待生になれます。それだけなら日本と変わらないのですが、なんとビラを見ると、この下に6段階の特待生ランクがあって、440〜449点だと学費は免除されて寮費だけ。430〜439点だと学費が半期免除。そしていちばん下の370〜379点だと学費は2500元もかかるのです。

特待生

日本では考えられないやり方ですが、磧口のような田舎でも、いや田舎だからこそ、次々襲いかかる艱難辛苦を乗り越えて、北京大、精華大への栄えある栄冠に届く“英雄”が現われる日を、村人こぞって待ち焦がれているのかもしれません。

☆臨県…臨県の行政所在地も臨県
☆中国は、6年間の中高一貫教育制度

期中考試

中国では4月後半に、小学校から大学まで、いっせいに期中考試（中間試験）が行なわれます。これが日本と比べるとなかなかに厳しいのです。

まず試験監督をするのは、自分の学校の先生ではありません。他校からやって来るのです。それで張老師も、隣村の段家塔小学校に行くことになりましたが、そこには生徒が4人しかいないと聞いたので、郭老師と私も一緒に行ってみることにしました。

小学校は村のいちばん高い位置にあって、教室と職員室がひとつずつ。生徒は1年生と2年生が2人ずつ。先生は当然ひとりですが、彼女は代課老師といって、国から派遣された教員ではなく、村でお金を出して雇っている先生です。

さて、試験は10時から始まったのですが、試験用紙は張老師がカバンに入れて大事そうに持って来ていました。茶封筒に入って、バンッと大きな封印が2つ押してあり、試験開始までは、先生にも問題はわからないことになっています。

ところが、いざ試験が始まると、先生が4人の子どもたちにつきっきりで、「そこはこないだ習ったでしょ！」「それでは違うでしょ！」「そうそう、それでいいのよ……」なんて、まるっきり先生が試験やってるみたいで、「あれじゃあみんな満点だよねぇ」と私たち3人は苦笑せざるを得ませんでした。村人に雇われた先生なので、子どもたちの成績が悪いといつクビになるかわからないからなのでしょう。試験の厳しさより、生活の厳しさの方が上まわっていたということでしょうか。

ということで、双方にとって厳しかった試験も3時間で終わり、私たちは樊家山に戻りました。途中で山菜がたくさん生えているのを見つけたので、答案用紙を崖っぷちの木の枝にぶら下げて、私たちは今夜の酒のサカナの収穫に精を出しました。

おしりパンツ

こっちの子どもはみんなこんなパンツをはいています。初めて見たときは、「お母さんはなんでほころびを縫ってあげないんだろう？」と思いましたが。男の子も女の子もまる見えです。涼しいでしょうねぇ。でも、氷点下の真冬でもはいています。寒くないんでしょうか？

張貴勤　ジャングイチン（88歳）

白家焉　バイジァーイエ

日本人が来たときはみなほんとうに恐ろしがって、昼だろうと夜だろうと野山に逃げて隠れた。あの頃、私はすでにひとりの子どもがいた。逃げるときにはつるで編んだ笊《ざる》を提げて中に子どもを入れた。平時は笊を炕の上に置いておいて、ひとたび消息が入るとすぐに子どもを連れて逃げた。私たちの村では毎日山の高いところに見張りを立て、その3つの山の上にそれぞれ箒《ほうき》を立てていた。馮家会《ファンジャーホイ》や三交に駐屯していた日本兵が出発すると、すぐに箒はゆらゆら揺れた。あの頃、村人はみな逃げる準備に忙しかった。ほんとうにかわいそうだった。ときには真夜中ですら家を出て隠れなければならなかった。家の中のものを持って出ることすらできなかった。日本人がいなくなると、窓や箪笥や長持の蓋もみな剥がして地面に積み上げられていた。貴重なものは全部なくなっていた。

1度野原に隠れていたとき、山狩りをしていた日本人に見つかった。私たちは持っていた衣服や蒲団も全部野原に捨てさせられた。身内のひとりの老人は歳をとって速く歩けなかったのに、バンッ！　と日本人がやって来て彼を一発殴った。私は子どもを抱いてなるべく見つからないような場所に隠れた。荷物を全部ほどいてみた。心のなかでは必要なものは持って行きたかったけれど、殴られたり殺されたりしなければ御の字だと思った。あぁ、7年間、まるまる7年間、私たちは隠れ続けた。

最初に隠れたとき、子どもはたった40日だった。最後に隠れたときは農暦の4月で、子どもはすでに7歳になっていた。あぁ、まったく、なんていったらいいのか、言葉もない。

村人が用意した食べ物も全部野原に隠した。私の家のものは、屋根の上の方にあった崩れたヤオトンの中に隠し、食べるときはこっそり行って少し持ち出し、それから枯れ草で足跡を消した。それから1度、崖の上にあった壕の中に隠れたことがあった。中はとても広く、崩れ落ちそうだったけれども、たくさんの人が隠れていた。その中ですら日本軍が通り過ぎていく足音が聞こえ、馬のひずめの音もいななきも聞こえた。中にいた人はひと言も声を出すことはなく、子どもが泣き出さないように、女たちは乳首で子どもの唇をふさいだ。それでなかには、窒息死した子すらいた。ときには山の上の洞窟に隠れて、20日以上も家に帰らなかった。子どもが眠ってから大人たちはこっそり外に出て日本人を見た。彼らは山の下の南圪垛《ナンガドゥオ》の河辺で馬に水を飲ませていた。夜、彼らは引き剥がした門や窓枠を河原に積んで火をつけた。炎は私たちが隠れている山の上を照らし出した。ある家では甕に漬物を漬けていたが、日本人が漬物石をどけて中に大便をし、再び石を元通りにした。主人はどうしてそれを知ることができただろう。帰って来てそれを食べ続けた。ひと甕の酸菜を全部食べ終わってからようやく気がついた。なんてかわいそうなこと。まったく、日本人のすることはほんとうにひどかった。

この村で殺された人も少なくない。日本人がいっている言葉がわからないだけで殺された。彼らはたくさんの牛や鶏を持ち去った。私の夫は当時20歳ちょっとで、日本人が彼に牛を曳いて一緒に来いといったが、小便がしたいと偽って逃げて来た。ここから徴用された人も少なくないが、多くの人が帰って来なかった。

彼らは門を焼くときは、必ず同じ片側の扉を焼いた。だから帰って来ても、どこの家の門扉とも合わせることができなかった。村人に一対の門すら使わせなかった。

夜には飛行機もやって来た。地上でもはっきり見えて、ほんとうに恐ろしかった。飛行機があり大砲があり、爆発音は鳴り響いた。ある春節、それぞれの家が年越しの餃子の準備をしていた。突然、大砲の音が聞こえた。村人はびっくりして餃子を作るのをやめて逃げた。ほんとうに1年として安心して過ごせた年はなかった。

1度、目の前で戦闘があったのを覚えている。バンバンバン！　という銃声が聞こえた。私と子どもは流れ弾にあたるのを恐れて、炕の下に潜り込んだ。戦闘が終わってから、我が家の門の外でひしゃくいっぱいの薬莢《やっきょう》を拾った。

（2008年6月2日採録）

薛引儿 シュエインアル（82歳）

薛家坡 シュエジァーポ

当時、薛家坡は日本人に“維持”されていた。あるとき日本人が来たので母は私を知り合いの家に隠れさせた。家に行ってみると、中にほんとうにたくさんの女性が隠れていた。部屋中いっぱいだった。突然ひとりのきれいに着飾った女性が飛び込んで来て、人々のまんなかに隠れた。彼女はとても怖がっているように見えたが、やっぱり日本人が追いかけて来た。日本人は追いつくとそばにいた老人の杖をとって、彼女の頭を殴って、彼女を炕の上から降ろさせた。最後は泣きながら日本人に連れて行かれた。私はほんとうに恐ろしかった。しばらくしてまた日本人が人を捉まえに来た。いうことを聞かなかったら、日本人は刀を抜いて炕の縁を力いっぱいたたきつけた。人々はみな恐ろしくてオロオロするだけだった。またしばらくして部屋の中は数人の女性だけになった。なかの数人は鍋の底についている煤を顔に塗っていた。それでも彼らは煤を塗っている人も連れ去った。私はその年16歳だったが、これは状況がよくないと感じて急いで炕を下りて逃げた。あの日は雨が降っていて、道はものすごく滑りやすかったが、私は高い崖の上から飛び降りて逃げた。後ろで叫んでいるのが聞こえた。「逃げるな。逃げると撃つぞ！」。

私はいまでもときどき夢を見る。日本人がやって来たあの頃の、東に逃げ西に隠れた日々のことだ。しかし、みなすべて遠い過去のことになった。こんなに長い年月が過ぎた。

（2008年6月27日採録）

☆維持されていた…142ページ参照

楊林巧　ヤンリンチャオ

(89歳)

渠家坡　チージャーポ

この村には日本人はしょっちゅう来た。私の舅《しゅうと》は当時70歳を過ぎていて、歩くのもままならないので隠れなかった。日本人が来て彼を殴って、八路はどこにいるかといった。彼は、足が悪く、耳も遠く、加えて言葉が聞き取れないといった。彼らは舅を銃床で殴りつけて去っていった。またひとりやって来て、八路はどこだと聞いた。彼は知らないといった。日本人は彼を突き倒すと蒲団を奪って去った。私たちが帰ると、舅は、今度から隠れるときは一緒に連れて行ってほしいといった。

ある若者が炭坑で働いていたが、家に帰ると身ぎれいにしていた。日本人は彼を捉まえて、農民ではなく八路に違いないといってひどく殴った。女たちが、彼は小さいときからきれい好きで、いつもきちんとしているだけだといったが、次から次へとたくさんの人が順番に彼を殴った。顔中が腫れ上がってあざになったけれど、それでも殴り続け、ほんとうのことを言え、お前は八路軍かどうかと詰問した。

日本人が来ると、見つかった人はすぐに殴られ拷問された。家畜を奪われ、連れ去られた人はたくさんの金で買い戻さなければならなかった。金が払えない人は、労働をさせられたあげくに殺された。

(2007年11月9日採録)

白拴縄 バイシュアンシャン（85歳）

陳家垣 チェンジァーユエン

私が結婚したその翌年、日本人がやって来た。日本人はジェスチャーで私たちに銀貨を要求した。私たちにはそんなものはなかった。彼らは庭に入って、甕の石の蓋までこじ開け、何もかもひっくり返した。同じ庭の3軒の20羽の鶏を全部殺して麻袋に入れて担いで持って行った。甕に入っていた綿花や穀物を全部取り出して、地面にぶちまけた。祖父が私たち数人の女にすぐ逃げるようにいった。私たちは建物から出たところでカーキ色の服を着たたくさんの日本人と出遭ってしまった。私たちは彼らを押しのけて土手の上へ逃げた。

日本人がいなくなって家に帰ってみると、家の中のものは何もかもなくなっていた。私は恐くてぶるぶる震えたが、度胸のある数人の女たちが、日本人が残していった肉や缶詰を食べた。

服は中国人の金皮隊が盗んで自分の服と着替えて持って行った。彼らは長いあいだ家に帰らないので身体に虱《しらみ》がわき、服の上にも虱がもぞもぞしていたからだ。

（2007年11月27日採録）

賀翻英 ハーファンイン（73歳）

東李家山 ドンリィジャーシャン

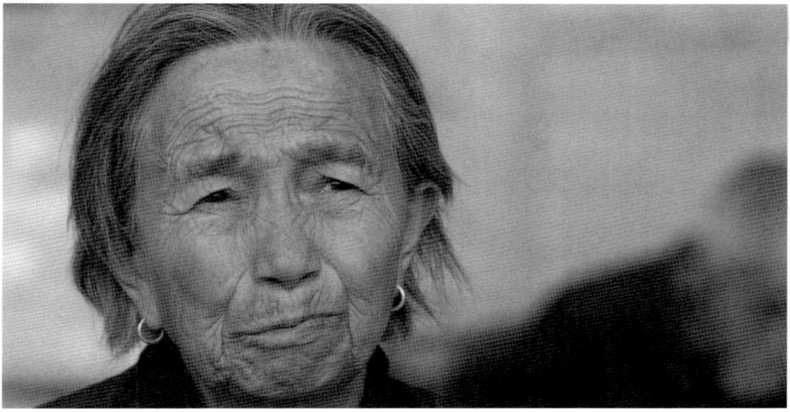

東李家山で、日本人は村人を刺してから、谷に投げ落とした。なかには死ななかった人もいてうめき声をあげたり、泣いていた人もいた。私たちが逃げるときは死人の山の中を通ったが、当時はただ日本人が恐くて、死人など恐ろしくはなかった。

私と祖母が粟を挽いていたとき、日本人が来て私たちに火を要求した。祖母はいっていることがわからず、ひしゃくに水を1杯くんで渡した。彼らはひと目見て祖母を殴りつけ、水が地面にこぼれた。ひしゃくも地面にころがった。私は祖母に、彼らはマッチを欲しがっているのよといった。日本人がやって来て私の頭をなで、「おまえは賢いチビだな」といった。

それから私の村のある解放軍人は、戦闘のために数日間も睡眠をとっていなかった。東李家山には彼のいとこがいたので、その家にやって来て銃を壁にかけ、何事もないと思って服を脱いで眠った。その後、いとこが状況を見に行ったら、日本人が村に入って来るところだった。いとこは堆肥の山の陰に隠れて、日本兵がいなくなるのを待って逃げたが、その解放軍人に伝えるのに間に合わなかった。けっきょく日本人が入って行って殺した。背中や胸を何ヵ所も刺し、そのあと引きずり出して裏の花壇の井戸の中に投げ込んだ。

ときに洞窟の中に隠れていると、穴の中から銃弾が満天にとびかっているのが見えた。まるで紅色の小鳥が飛んでいるようだった。日本人がいなくなると、子どもたちが薬莢を拾って金に換えた。

（2007年10月31日採録）

じいさん歳いくつ？

私が取材に行くときは、かならず現地の人と一緒に行きます。そしてそのほとんどは、その人のバイクの後ろに乗せてもらって村々を訪ねます。これまでいろいろな人のお世話になりましたが、最近は六六に連れて行ってもらうことが多くなりました。

この六六は、普段はどちらかというと寡黙な青年なのですが、私の活動の意味をよく理解してくれて、いろいろ炭鉱仲間から情報を集めてくれたり、バイクで走っている途中でも、偶然見かけた老人たちに果敢にアタックし、遥か遠くにひとりたたずむ老人も、まるでマサイ族のような超視力で、決して見逃すことはありません。

最近は私も慣れてきて、彼と2人で目を光らせていて、「あっ六六、老人老人」「いやぁあれはまだ若いよ」「いや、きっと80はいってるよ」なんてやりながら、突然キキッとバイクを止めて「じいさん今年いくつ？」と聞くわけですが、最初の頃は私もいくらなんでも失礼じゃないかとハラハラしました。せめてエンジンを止めて、バイクを降りて聞くとか。私たちは2人ともバイクにまたがったままで、ときに「65歳」なんて対象外の答えを聞くと、ものもいわずにそのままぴゅーっとさよならするのです。なかには怪訝な顔をする人もいるにはいますが、ほとんどの人が「○○歳」とごくあたり前に答えてくれるし、とりわけ80過ぎの老人ともなると胸を張って「85歳！」なんて答えるわけです。こちらでは初対面の相手に年齢を聞くのはフツーだし、なかでも高齢の老人は、歳を聞いてもらうのは嬉しいことのようです。私が思うに、この地では歳をとることは“勲章”なのです。

私の撮った老人たちの写真を見て、「もうこういう顔は日本では見かけないね」という声をたくさん聞きましたが、日本はおろか、北京や上海でもこんな顔に出会うことは、いまやとても難しいことだと思っています。

日本では（たぶんほかの欧米諸国でも）若いことが勲章であり、歳をとることにはどうしてもマイナスのイメージがつきまといます。“若さの秘訣”を体得することに日々汲々だったり、1歳でも若く見られたいためにしわを伸ばし、たるみを吊り上げ、高級化粧品に惜しみなく金を使う女性たちはいくらもいます。つまり、しわやしみやたるみやその他もろもろの老化現象を隠したい人たちと、それをも勲章の条件と考える人たちとでは、顔が違ってくるのは当然でしょう。当

地の老人たちの顔はほんとうに生き生きと個性的で、しわの1本1本に歴史を感じさせる“味のある顔”をしています。

最近でこそ経済発展の波はこの地にまで影響を与えていますが、日本が中国大陸を侵略したあの頃、この地では生きることは、それだけで十分に過酷でした。災害があり、飢饉があり、戦争があり、内戦があり……そして病にもうちかって80年の人生を生き切ることは、いわば“軍功”にも似て、それを所持している人に「おいくつですか？」と聞くのは、むしろ礼儀にかなっていることなのかもしれません。

（2007年10月9日）

収穫の秋

いよいよ収穫の秋ですが、今年はかんじんの紅棗が全滅してしまいました。紅棗の収穫期は、ちょうど10月1日から1週間の国慶節休暇の頃ですが、この時期にずっと雨に降られてしまったのです。収穫期に長雨にあたると、樹上で実が割れてしまって商品にはなりません。農民たちにとっては、あてにしていた年に1度の現金収入の道が途絶えたわけです。それでも、なんだかあっけないほどに「こればっかりはどうしようもないね」とあきらめて、そのほかの農作物の収穫に忙しい毎日です。

まずは、主食の小米。これは粟のことで、日本人が食べる米は大米といいますが、こちらでたんに米といえば、粟のことをさします。もうひとつの主食の、麺を作る小麦粉は、いまは現金で買っています。20kgで50元くらいです。ついでジャガイモ。これもほぼ主食に近い作物で、庭にムロを掘ってそこに保存して1年中食べます。ついで大豆。これは茹でてから潰して乾燥させて保存し、粟粥に入れます。また、大豆は現金の代わりになって、これで豆腐や油を買ったりします。それからカボチャ、サツマイモはよく陽にあててから、そのまま土間に積み上げます。あと、ネギやゴマ、トウガラシ。そしてたいした金額にはなりませんが、飼料用のトウモロコシや、油を採る麻の実、綿花は換金されます。

彼らはホウレンソウとかチンゲンサイなどの葉物野菜をほとんど作らないのです。これはきっと保存がきかないからだろうと思うのですが、大根やカブ、ニンジンもあまり見ません。それでも作っている人はもちろんいるのですが、彼らは葉っぱを畑に全部捨ててしまいます。それで私が大根の葉っぱを拾っていたら「なんでそんなまずいものを食べるのか？」と不思議がられてしまい、その人はあとで、食べるものがなくてかわいそうだと思ったのか、大根をひと山、私の部屋まで届けてくれました。私は葉っぱがほしいのだといっても理解されないのです。

そこで、大量の大根を目の前にして、私は割り干し大根を作ることにしました。陽ざしが強いのできっとおいしいものができると思います。4つに割って庭のロープにつるしたら、来る人がみな、なんだ？　なんだ？　と聞きます。青い空にゆれる白い大根は、まるで日本の山里の晩秋のようで、なんだかしんみりとなつかしい気分にさせられてしまいました。

対聯 トイリィエン

　中国最大の年中行事は、もちろん農暦のお正月である春節です。とりわけ田舎の春節は、町に出て行った子どもや孫たちがいっせいに帰って来るので、村の人口が急に2倍にも3倍にも膨れ上がります。

　まず、大晦日の午後になると、「対聯」という、門や扉の両側におめでたい言葉や詩のなかからとった一節などの文字を書いた紅い紙を貼り出します。これがもうほんとうにいっせいに貼り出されるので、あっという間に村中が鮮やかに彩られます。なかには紅い提灯をぶら下げたり、日が暮れると電飾がちらちら瞬く家も3軒ほどありました。出稼ぎに出た息子たちが“都会の土産”に揚々と持ち帰ったものでしょう。

　私の部屋にも大家さんが貼りに来てくれました。「大吉大利大発財」とか、「一年好運春常在」などなどと書いてあります。農暦では、春節を初一といい、二日目が初二で、初十五の元宵節《ユゥアンシャオジィエ》までがお正月ということになります。

年夜飯ネィエンイエファン

大晦日の夕方5時くらいから、あちこちで爆竹を鳴らす音が響き始め、年に1度の大ごちそう、「年夜飯」が始まります。普段はまったくの“どんぶりめし”で、テーブルについて食事をするのを見ることはまずないのですが、この夜はテーブルを出して、おかずの皿を何品も並べます。だいたいが野菜炒め系とジャガイモデンプンの加工品ですが、それに加えて肉の皿が並び、そのうえに、家によっては年に1度の魚の皿が並びます。

お誘いはいろんな家からあったのですが、私は2軒隣のハオリョウの家で年夜飯をごちそうになりました。ここでは魚は出ずに、チキンの腿肉を煮込んだものと野菜炒めに落花生と、いま流行のホットコーラくらいの簡素なテーブルでした。酒も出たのですが、私がほんのちょっと口にしただけなのに、ハオリョウがさっさと蓋をしてしまったので、こりゃあダメだとあきらめて、自分の部屋に戻り、谷間にこだまする爆竹と花火の音を耳に、ひとり自分の酒をチビチビやりながら、新しい年を迎えました。

圧歳銭ヤースイチェン

お年玉のことは、圧歳銭といいます。子どもたちにとって、1年でいちばん待ち遠しいのがきっとこれでしょう。ただし、自分の親からもらうことはなく、祖父母や親戚の年長者からもらいます。いくらぐらいもらうの？　と聞いてみたのですが、ちょっと年長の子だと、どうやら合計100元以上、人によっては数百元ももらってるみたいで、これはマズイと思って、私は誰にもあげないことにしました。ひとりにあげると、噂を聞きつけて限りなく集まって来る事態が予測されるからです。

正月になると子どもたちが急に金持ちになるのは日本と同じで、駄菓子やおもちゃを売る小店がさっそく店開きしていました。正月にはみなおニューの服を着せてもらうというのも、昔の日本と同じです。

秧歌隊ヤンガートィ

初二、初三は「拝年」といって、親戚にあいさつまわりをする日、そして初五は、みんな外出しないで家の掃除をする日です。で、私は関係ないので、近くの郝家山《ハオジャーシャン》という村にやって来た秧歌隊を見に行きました。秧歌というのは、農村の祝い事やお祭りに必ずつきものの歌と踊りで、衣装もキラキラ、ドラと太鼓が鳴り響きとっても賑やかです。日本の「三河万歳」に似て、酒やタバコのご祝儀を出して、自分の家の庭まで来てもらって、おめでたい歌や踊りを披露してもらう、というのが定番です。前の年に結婚や出産などのおめでたがあった家では必ず呼ぶので、村人もそれを見に行くわけです。

春節だったというせいもあったかもしれませんが、ここの村人はみなほんとうに明るく開放的で、私が向けるビデオカメラに手をふってくれたり、「ほんとうをいうと、こいつは日本軍がやって来たときにできた子で、半分日本人なんだ」と冗談をいってふざけあっている人たちまでいました。こういう雰囲気ならばしめたもので、私はポケットから貴重な「マイルドセブン」を取り出して1本ずつすすめるのです。ほかのものは遠慮してなかなか受け取ってくれないのですが、タバコだけはフリーパスで、みなニコニコ顔で一服。タバコを交換するというのは、こちらでは“こんにちわ”という挨拶の代わりなのです。これでもう“中日友好”成立、あとは、「この村にも日本人来た？　誰かその頃のこと覚えてる人いない？」と話を切り出せば、「いるいる、ドコソコのダレダレはよく知ってる……」ということになり、だいたいはその人の家まで連れて行ってくれます。

楽隊ユエトィ

この地には「楽隊」という職業集団が存在します。結婚式や葬儀のときなどにドンチャカドンチャカ賑やかに先導役をつとめる人たちです。だいたい5、6人から10人くらいの編成ですが、その力量も千差万別です。

先月、磧口に行ったときにちょうど大きな葬儀があったのですが、このときに来ていた楽隊は10人編成で、楽器も定番の太鼓、チャルメラ、シンバル以外に、シンセサイザーと胡弓、笙《しょう》もついていました。楽隊は、各儀式の先導をつとめるとともに、通夜と本葬の夜8時ごろから3時間ほどの“音楽会”を開くのですが、そこで彼らは素晴らしい演奏を披露してくれたのです。1600元という普通の楽隊の倍以上の料金だったそうですが、もうそれに十分に値する力量の楽隊でした。

ところでみなさんは、葬儀に伴う演奏会ですから、例えばショパンの葬送行進曲のような、しめやかな、心にしみ入るような音楽を想像されるでしょうが、これがもうてんで大違いで、とんでもない賑やかさなのです。とりわけそのときのショーは私もこれまでに見たことがない、びっくり仰天の華やかさでした。司会の兄ちゃんもふざけたことをいって笑いを取り、ロックバンド顔負けのビートで狭い舞台の上を飛んだり跳ねたり、あげくに、壇上から名刺をバーッとばら撒いて、「お宅の葬儀のときはよろしくっ！」と、宣伝までしていったのです。

それで、この楽隊の老板が、私がビデオカメラを持っているのを見て、一緒に仕事をしないかというのです。つまり、最近は葬儀や結婚式の様子をビデオに収めるのが流行っているので、私を抱き込んでひと儲けしようとたくらんだわけです。とりあえずは断りましたが、旅芸人よりも、こちらの方がおもしろそうだなぁと、なかなか迷うところではあります。

爆竹

春節のときに夜通しで爆竹を鳴らす光景はつとに有名ですが、春節だけでなく、爆竹や花火を鳴らすのは、とりわけ農村地区では絶対に欠かすことのできない長く続いた伝統で、それはいまも生活のなかにしっかり根づいています。

まず、どこかの家で赤ちゃんが産まれたとすると、それを祝って花火が打ち上げられます。村人は「あぁ産まれたな」とわかるわけです。12歳の誕生日には盛大にパーティーを開き、ここでももちろん景気よく花火が打ち上げられます。新規開店のホテルや商店でもあろうものなら、それはもう盛大豪華に、何百発もの花火や爆竹や、ときには解放軍お下がりの砲筒まで出て（もちろん空砲）、バンバンッ!! バチバチバチ!! ドーンドーン!! と耳を劈《つんざ》く轟音で、道行く人はイヤでものぞきに行きたくなります。

結婚式、葬儀はいうまでもありません。新婦が実家を出るとき、新郎の家に到着したときには、盛大に打ち鳴らされます。長い葬儀の間中、次の儀式が始まるたびに、そして出棺、埋葬のときにも爆竹や手持ちの空砲が鳴らされます。年々の墓参りには必ず持参します。誰かが病院を退院するときには、門のところでお祝いと感謝の印として鳴らします。工事現場で新たな工程が始まるときにも、その安全を祈って鳴らされます。春節などで町に出た子どもたちが帰郷したとき、また再び家を出るときにも道中の安全を祈って鳴らします。そして誰かが死んだときも、死者を悼んで“しめやかに”爆竹が打ち鳴らされるのです。

ただし、爆竹や花火はけっこう高いので、ビンボーなこの界隈ではきわめてささやかに、ほんのひとときバチバチバンバンッ!! と鳴り響く程度で、“夜通し”などということはありません。春節前には「お前んとこは、今年は儲けたから○○元も買うんだってなぁ」といった冗談交じりの会話が交わされたりもするのです。

高春香 ガオチュンシァン（87歳）

王家庄 ワンジャージュアン

「日本鬼子はまったく惨い。東峁で“裸体会”を開いて、伯父さんと弟の嫁、舅と嫁を一対にして寄り添わせた」。これは日本軍が臨県で村人を脅迫して、いうも恥ずかしい破廉恥な会を開いたという俗謡だ。なんて残忍なことだろう！　なんて下劣な仕打ちだろう！　こういった奸淫、強奪、殺戮は、私たちのこの一帯では、あの頃まったく普通のことだった。

私は共産党員なので、あの頃のことは、ほとんどすべて知っている。私の実家は高家焉《ガオジャーイエ》村といい、のちに王家庄に嫁いだ。あの頃の情勢はほんとうに緊迫していて、ひと冬ひと冬安心して眠りにつくことはできなかった。寝るときも服を脱ぐことはなく、蒲団もいつもしっかり縛って長持や甕の上に置き、織りかけた布さえも夜になると機《はた》からはずし、いつでも隠れる準備をしていた。ときにはまったく疲れきって何もできないと、わずか5歳の娘に、「外の物音にじっと耳を澄ませているのよ。ママはちょっと眠るから、『日本人が来た！』という声がしたらすぐに起こしなさい」といい聞かせて横になった。

共産党の活動はすべて極秘だった。あるとき、ひとりの見知らぬ責任者風の人が私に聞いた。「あなたたちの村の誰が婦救会のメンバーかね？」。私は、「私は違います。私たちの村に婦救会はいません」と答えた。彼は再び聞いた。「自分の村のことを何も知らないのかね？」「知りません」。ほんとうのことをいうと、私はまさに共産党員で、婦救会の代表だった。あの頃、これらの情報は夫婦の間でも秘密だった。自分たちの組織のメンバーしか知らなかった。私の夫が1948年に部隊から帰って来たとき、私は会議に出かけたことがあった。夫は何をしに行くのかと聞いたが、私はただ会議に行くとしかいえなかった。彼はどんな会議だと聞いたが、私はただ代表者会議とだけいって、具体的な内容についてはいっさい話さなかった。

あるとき高家塔《ガオジャーター》の廟で秘密会議が開かれた。討議に使われた文書はその場で焼却された。連絡方法はなく、毎回会議が終わってから次回の会議の場所と時間が決定された。私は25歳で入党し、組織の構成員はすべて共産党員だった。重要な任務は、党の任務を大衆に広く呼びかけて、時を見て実行に移すこと、その普及宣伝活動だった。たとえば樊木頭《ファンムートウ》から運んできた4人の日本兵の死体は、私たちが率先して担いだ。米、衣服、靴、靴下は軍に提供した。平時は軍用品を作っていた。上の方から材料が分配され、製品にして再び上部に送り返した。あの頃、私たちには、“7日に1度会議を開く、女性が隊列を編成する”というスローガンがあった。

(2006年5月15日採録)

薛継清 シュエジーチン（101歳）

高家溝 ガオジャーゴウ

私の弟は当時民兵だった。私の家が焼かれたとき、日本人は村のひとりを連行して拷問を加え、誰が民兵か？　民兵の家はどこか？　と聞いた。その人は私の弟が民兵だといった。それで日本人はすぐに私の家にやって来て家を焼いた。みな石門焉《シーメンイエ》から来た日本人だった。

日本人は数日に1回来た。いちばんひどかったのは、3人が殺されたあのときだ。私の家のすぐ上の道で殺され、崖下に突き落とされた。このなかの王家溝《ワンジャーゴウ》のひとりは、私の畑仕事を手伝ってくれた人で、あと2人はこの村の人だった。もう思い出せないこともたくさんある。

（2007年11月23日採録）

李玉仙 リィイーシャン
(93歳)

小塔子 シャオターズ

日本人は2、3日に1回この村にやって来た。彼らの目的は、焼き、殺し、奪い、破壊することだった。

外に隠れるとき、村人は私が背負っている子どもが泣いて日本人に見つかるのを恐れた。私は不断に子どもをあやし、身体を揺らして泣かせないようにした。夜は子どもを背中から降ろすこともなかった。乳を飲ませるときも下に降ろすことはなく、飲ませればすぐにまたくるりと背中に背負って逃げた。

あの頃はみなほんとうに飢えていた。日本人が作った米飯もラッパが鳴ると兵隊は食べずにいなくなったけれど、残ったものを私たちは食べなかった。毒が入っていて、殺されるのではないかと恐れ、どんなに飢えていても全部捨てた。どれだけ話しても話しきれないほど悲しいことばかりだった。

(2007年11月22日採録)

薛清彦 シュエチンヤン（89歳）

崇里村 チョンリィツン

当時、日本軍は紅軍と闘うためにトーチカの建造を3～4年かかってやっていたが、私は工人として一緒に働いたことがある。そのときはいい友達だった。日本人はしょっちゅう私と相撲をとりたがったけれど、いつも私を負かすことはできなかった。わざと負けてやると、日本人は「勝った、勝った」と喜んでいた。

工事が終わったあと、今度は共産軍に参加して、日本軍と闘った。日本人は普通の服を着てやって来たので、誰が日本人か見分けがつかなかった。私は歩哨だったので、日本人が少ないときは打って出たけれど、多いときは逃げた。天地を死体が覆い隠すほどに死人が出るので、それを見るのがほんとうに怖かったので逃げ帰った。そのあと、部隊は私に食事班に行くようにいい、兵隊たちの食事を作った。

（2006年11月14日採録）

薛彩鳳 シュエツァイフォン（92歳）

趙家山 ジャオジャーシャン

趙家山には何回も来て、数人が殺された。秋月《チュウユエ》は坪頭に連れて行かれて生き埋めにされた。念月《ネンユエ》の母親は谷底まで逃げたけれど、銃で胸を撃たれて死んだ。記元《ジーユエン》の母親も銃で撃ち殺された。それから山の上で数人が撃ち殺されたこともあった。何人だったかはもう思い出せない。日本人はどこに行っても人を殺し、上等の服と金銀を略奪した。

（2007年4月18日採録）

みかんのビン詰

一昨日、こんなことがありました。磧口の近くに馮家会という村があって、そこの小学校の校長先生を知っているので、磧口に行くついでに寄ってみました。賀家湾小学校で先生をしているイーハーという青年のバイクに乗せてもらって1時間の距離です。まず校長のお母さんを紹介してもらって話を聞き、彼女の紹介で元八路軍の馮《ファン》老人に取材しました。そして彼に日本軍に焼かれた痕が残っているヤオトンに案内してもらい、その戻り道で2人の老人に出会ったので、話を聞きたいとイーハーに伝えてもらいました。すると男性の方は、「話すことなど何もない。話したくない」。女性の方は、「私はいまでも日本人を恨んでいる」ときつくいい放ったのです。

あぁそうですかと、私は少しがっかりして帰ろうとしました。ほんとうにときどきですが、こういう事態もあります。すると、馮老人は私の落胆を見てとったのか、「この人はたったひとりでこんな活動をしているのだから……」とその男性に語りかけたのです。すると彼の表情がじきに緩んできて、問わず語りに話し出し、私はあわててビデオをまわしました。彼はときどき顔をしかめながら、あちらの山塊、こちらの河辺を指差しつつ、彼の脳裏にはいまだにくっきりと当時のイメージが残像しているようでした。

そのうちに彼は自分の家に寄らないかといい出し、私たちは5人で彼のヤオトンに向いました。まず最初に私を部屋に招じ入れると、炕の上に座ってくれとうながし（炕の上というのが親しい人にすすめる席）、奥の部屋に消えると、しばらくして小さなみかんのビン詰をいくつか持ってきて私たちにすすめてくれたのです。もうこの頃は、私をおいて老人たちの間で過ぎ去った過去のあれこれの“思い出”に話が弾んでいました。彼らはみな戦後初めて日本人を見たのです。とりわけおばあちゃんは、当時は日本人が来ると聞けば、一歩でも遠くへ日本人から逃げ、日本人がいなくなるまでじっと隠れていたので、実際には、私が生まれて初めて見る日本人だったのです。

ビン詰のみかんは、彼らにとって決して安いものではないのでちょっと迷いましたが、フタを開けてすすめてくれたので、遠慮なくいただきました。それは幼かった頃、病気のときにだけ食べさせてもらった、日本のみかんの缶詰とまったく同じ味がしました。傍らで語り合う老人たちの穏やかな視線を感じながら、私はなんだか遠い昔の自分の故郷へ、タイムスリップしたような感にとらわれてしまいました。祖父母たちとともに過ごした甘くて濃密だった時間を取り戻し、いまはない故郷のなつかしい風景が見えたような気がしたのです。

（2008年5月25日）

7度目の引越し

7度目の引越しをしました。磧口→賀家湾です。

1ヵ月ほど前に「しばらくここに住みたいんだけど、空いてる部屋ない？」と、村人たちに聞いてみると、「○○のトコがいいんじゃないか」とかなんとかいっていて、「あぁ、ちょうどその○○が来た」ので、「とにかく部屋見せてくれる？」と彼女について行きました。すると、私の見知ったおじさんの家だったので、「なんだぁここかぁ」と思って、扉の中をのぞいてみると、「えっ？これはっ！」。そこには白い紙の御簾が下がり、前に簡素な祭壇があって、これは間違いなく、誰かが死んで、その遺体が安置してある部屋です。

すると息子がやって来て、「おやじが死んじゃったよ」というのです。「10日後に埋葬だから、それが終わったらこの部屋使っていいよ」。

“遺体安置室”に引っ越すのもなぁ……と思ったのですが、ひと目見て、この家が絶望的にビンボーだということが推測されました。私が払う1ヵ月30元の家賃も生活費の足しになるのでしょう。村人もそれを考慮して推薦してくれたのかもしれません。庭には碾子《ニィエンズ》という大きな石臼があって、その向こうに段々畑が開け、眺望がとてもよかったので、私はこの家に引っ越すことに決めました。

ファーブルの館

賀家湾でもボロの3本指に入るのではないかというこのヤオトンは、くまなく土がむき出しているので、もう天然の洞窟、あるいは“ファーブルの館”のようなもので、昼夜を問わず虫が自由に出入りします。そもそも黄土高原は植生が貧困なので昆虫の種類は少ないのですが、やはり日本では見たことがない虫がいます。例の有名な「糞ころがし」も夏場の山道ではよく見かけます。カップルで重い荷物をコロコロ転がして巣に運び込む様子は、見ていてほほえましくなります。私が「生きた化石」と名づけたゴキブリそっくりの虫も部屋の中外を問わず、壁にへばりついています。ほとんど動かない虫ですが、夜中にギギッ、ギギッとかなり大きな声で鳴きます。「そうじ虫」と名づけた多足類の1、2cmの小さな虫がいて、これは夜中に電気をつけると土間中に何十匹もゾロゾロいて、虫嫌いの人は卒倒するかもしれません。しかし、どうやらこの虫が土間に落ちている食べ物のくずを食べているようです。日本だったらとっくに絶滅していることでしょう。

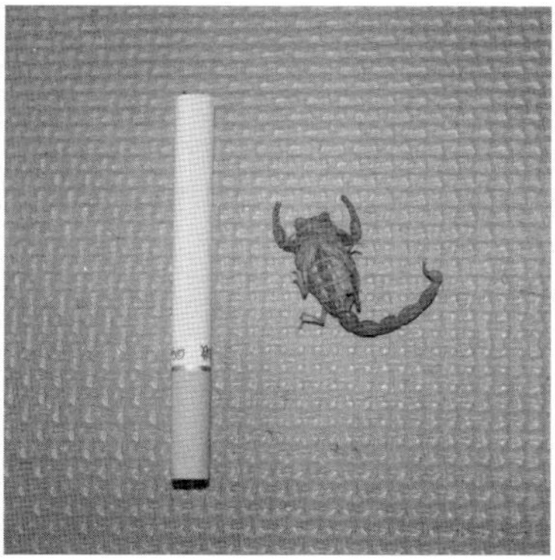

しかし、なんといっても極めつけはこれ、「サソリ」です。やっかいなのは、なぜか蒲団の中に入って来ることで、私も2回やられて、痛くて朝まで眠れませんでした。村人は、「毒はないから大丈夫」というのですが、この痛みの元は毒とはいわないのでしょうか？　でもこのサソリを、夏の夜になると、子どもたちは懐中電灯片手に壁際を探しまわり、箸でつまんでガラス瓶に集めます。痛風の生薬として小遣い稼ぎになるんだそうです。“痛をもって痛を制す”ということでしょう。それくらい痛いです。

白じいちゃんが死んだ

河南坪のサンアのところに行くと、「以前取材した白宝有《バイバオヨウ》が死んだよ」というのです。この2月に凍結した道路で転んで寝ついてしまい、そのまま亡くなったそうです。

去年の秋に部屋をのぞいたときには、大きな棺おけが片隅にどんっ！と置いてあって、自分のために800元で用意した、これでもう安心だと笑っていたのですが、こんなに早く逝ってしまうなんて思ってもいませんでした。

白じいちゃんは、街中でちょっとした雑貨をひろげて小商いをしていたので、私が磧口にいる限りはしょっちゅう顔を合わす仲で、私が特別に好きなじいちゃんのひとりでした。というのも、彼から聞いた話は「日本人に命を救けられた」というもので、しかもちょっと胸にジンとくる内容だったからです。

取材の翌日に、南の西湖の蓮の粉、つまりレンコンで作った葛湯のようなものをあげたのですが、それを後ろ手に持って、トコトコ帰っていく姿を見たのが最後でした。ほとんど字の読めない彼のために「じいちゃん、湯をたくさん入れたらまずいからね、これくらいだよ」とくどくど教えたのですが、ちゃんと説明したとおりに作っただろうか？　あんな“贅沢”なものはきっと食べたことがない人たちだけど、おいしいと感じてくれただろうか？

葬儀のときに使う写真をあげることになっていたけれど、その約束が果たせなかったのが心残りです。

あなたの先祖は中国人です

磧口では5日ごとに市がたち、近隣の村々からたくさんの人たちが集まって来ます。船に乗って向かいの陝西省からもやって来ます。とりわけ、娯楽の少ない老人たちにとっては、ここに来て屋台を冷やかしたり、顔なじみとおしゃべりしたり、ちょっとしたおやつを食べたりするのは、5日に1度の楽しみで、狭い地域を行きつ戻りつしては半日ほどを過ごすのです。

ブラブラしていたらこれまで見たことがないじいちゃんが占いをやっていたので、私も占ってもらいました。ところが、「あなたの先祖は中国人です」というのはわかったけれど（近くにいた人が私が日本人だと教えた）、それ以外はちんぷんかんぷんで、さっぱり聞き取れません。もうどうしようもないので、2元というのを1元に値切って帰ってきました。

その話を薬局の老板にしたら、その劉さんはとてもかわいそうな人だというのです。もともと陝西省の人で、12歳年下の女性と結婚して磧口で暮らしていたけれど、その女性が新しい男を見つけて子どもと一緒にどこかへ行ってしまい、いまはひとりで暮らしているそうです。こちらでは、歳とって子どもがいないと、葬式も出してもらえないかわいそうな人となってしまうのです。なんか、1元に値切ったのは悪かったかなぁと思ったのですが、ということは、彼は自分の人生を占うことには失敗したということでしょうか？

黄土高原の隠れ里には

石仏山《シィフォーシャン》という村に“日本語を話す”老人が住んでいるという噂を聞いたことがあるので、イーハーと出かけました。バイクと徒歩で3時間ほどかかりましたが、これがまた、いったいこんなところに人が住んでいるんだろうか？　と思うくらいの山の中で、しかしさすがに中国、どこまで行っても、やっぱり人が住み、村がありました。

今年87歳になるという王《ワン》老人は、日本語を話す、というのは大げさで、単語をいくつか覚えているだけでしたが、私が彼の前身に気を遣って、「本にするときは仮名でもいいですから」というと、「何をこの歳になっていまさら。もう死ぬのを待っているだけだから」と、私が来るのを待っていたかのように話し出しました。

どうやら彼は日本軍の“御用商人”だったようで、これまでは聞いたことがない“内部事情”に詳しいというか、“闇の世界”をかいくぐって生きてきたというか、いったいどこまでが本当なのか、皆目見当がつかないところがあって、これはもう1度といわず、2度、3度訪れて話を聞かなければと思いました。

彼がいうには、当時"漢奸"の頭目だった男に、狐のコートと女性を贈って出入りを許され、タバコや塩などの雑貨品を納入していたらしいのです。そして彼は日本軍のなかにいた2人の共産党員と麻雀をしたことがあり、その共産党員は、八路軍に武器や弾薬を提供してくれていたというのです。麻雀で彼は何万元だか大勝ちしたそうで、最後に私が「日本人は払ってくれましたか？」と聞くと、「あぁ払ってくれた。日本人は誠実だから人を騙さない」と、老人は真剣な表情で私の思惑を否定したのです。70を超える村々を廻っていると、実にいろんな人に出会えるものです。

白宝有　バイバオヨウ（82歳）

西頭　シートウ

私が21歳になった年の11月のある日、日本人がここにやって来た。私はそのときちょうど病気で、動くのもままならず、ひとりだけ家の炕の上で横になっていた。最初に銃を担いだ2人の日本人が来て、私を炕の上から引きずり落として帰って行った。1時間ほどしてまたひとりやって来た。カーキ色のコートを着て、銃を担ぎ、頭に銅の帽子を被り、足には革の靴を履き、見たところ位の高い兵隊だった。彼は門を入ると私を担ぎ起こして炕に座らせ、私の顔をじっと見た。部屋の周りをきょろきょろ見回してから、コートの中から薬のビンを取り出し、4粒の小さな丸薬を取り出して私に見せて、自分がまずひと粒飲んでみせ、碗に水を入れて飲むそぶりを見せた。どうやら私に薬を飲むときに水を飲むように教えているようだった。彼は出て行ったが、私がいた部屋の扉の上に数個の文字を書いた。「病人の部屋」という意味だった。

彼がいなくなって5分後くらいに日本人の大部隊がやって来た。私の家の庭にもたくさんやって来た。焚き物を捜して火を起こし、飯を作って酒を飲んでいた。ただし、私のいる部屋には誰ひとり入って来なかった。

何やらわからない言葉で叫んだり騒いだりしていたが、そのなかに離石一帯のなまりのある声も聞かれた。午後の4時か5時頃に部隊はいなくなった。その人はまたやって来て扉を開けてのぞき込み、私がまだ部屋にいるのを見届けてまた扉を閉めた。しばらくしてまた彼はやって来て、何か紙に書いたものを渡した。それには、「もし病気が良くなればこれは捨てなさい。もし良くならなければ離石に来て自分を捜しなさい」と書いてあった。上には彼がどこに住んでいるか、名前はなんというか書いてあった。その人は普通の兵隊ではなくお坊さんで、医学も心得た従軍医師だった。自分自身は戦争に参加したくないけど、軍人がだんだん足りなくなって徴兵されたといっていた。彼は医術も知っていて、傷ついた人を救けたりしていた。中国語も話せた。紙に書けばだいたいのことはお互いに理解できた。

6時に大部隊は出発した。最後にもう1度彼は3人でやって来た。あとの2人はたぶん警護員だった。彼は扉を開いて見回したあと、布を取り出して扉の上に書いておいた文字を全部消してからいなくなった。それ以降はもう来なかった。この字を消すためにわざわざやって来たようだった。

7時過ぎに家族が戻って来た。私は今日あったことを説明して薬を飲もうとした。家人は毒ではないかと恐れて飲むなといったが、私は飲むつもりだった。私は自分の目で彼が自分で飲んで何事もなかったのを見ていたので、毒ではないと知っていた。けっきょく私はひと粒の丸薬を口に入れた。そうすると1時間も経たないうちに全身に力がみなぎる感じがして元気が出てきた。夜の10時頃にはすっかり病気は良くなったような感じがした。たったひと粒飲んだだけで長く患っていた病気があっという間に治った。その人が私の命を救ってくれたのだ。

(2007年12月29日採録)

※ 2008年2月死亡

馮廷発　ファンティンファー（83歳）

馮家会　ファンジアーホイ

日本人が私の家を焼いたので、恨みを持つようになり、大いに憤慨して兵隊になった。1942年に16歳で臨県の遊撃隊に参加した。その頃はまだ幼かったので、昼はしょっちゅう居眠りをし、夜間は道を歩くのもおぼつかなかったくらいだ。1ヵ月過ぎて、私はけっきょく役に立たなくて区の政府に移動した。ある区の補佐役が私に「馮くん、帰りなさい。君はまだ幼い。遊撃隊に参加するのは早すぎる。もしも国家が君を必要とするようになったら、我々はまたすぐ君に連絡するから」といった。

私たちの村では1年に5回兵を送った。子どもでも兵役についたものは多かった。

（2008年5月22日採録）

馮善厚　ファンシャンホウ

(79歳)

馮家会　ファンジァーホイ

私の母は挙頭《ジイトウ》へ行って日本人から隠れた。冬のことだったので、山の洞窟の中は凍えそうで、ある親切な人が洞窟の入口で火を焚いてくれたが、あとで母は、あのときはもう少しで窒息死するところだったといっていた。

私はあの頃まだ小さかったけれど、状況は理解していて、心のなかでは、大きくなったら八路軍になって闘おうと思っていた。それで両親は私を連れて、陝西省に行って隠れた。私が日本人に連れ去られるのを恐れたからだ。

父はもともと病気がちで、陝西省では暮らせなかったので村に帰って来たが、村に住む気にはならず、高家坪《ガオジャーピン》に行った。あの頃、生活はほんとうに苦しくて、病気を治すためのお金もなかった。その後、父は死んだ。父を埋葬したその日も大砲の音は鳴り響いていた。

(2008年5月22日採録)

高世選 ガオシーシュエン（82歳）

大長 ダージャン

私は当時十何歳かで、銃を撃つのはおもしろかった。区の役場がこの村にあって、私もいつも行っていた。17歳のとき、日本人がやって来た。役場の人が私にひとつの任務を与えた。それはアヘンを見張ることだった。当時、人々は自分たちでアヘンを栽培していた。収穫してひとつひとつ箱に詰めて地下に埋め、その上に手榴弾、地雷をのせた。そうやってから私は向かい側の山の上に隠れた。あのとき日本人はアヘンを捜し出せなかった。あの頃数年間、私たちは敵の占領区ですらアヘンを栽培し、1944年まで作っていた。ソ連とアメリカの訪問団が中国にやって来て、ようやくアヘンの栽培が禁止された。当時、1箱のアヘンを1千元の銀貨で売ることができた。

（2007年11月10日採録）

閻広順 イェングァンシュン
(79歳)
東峁村 ドンマオツン

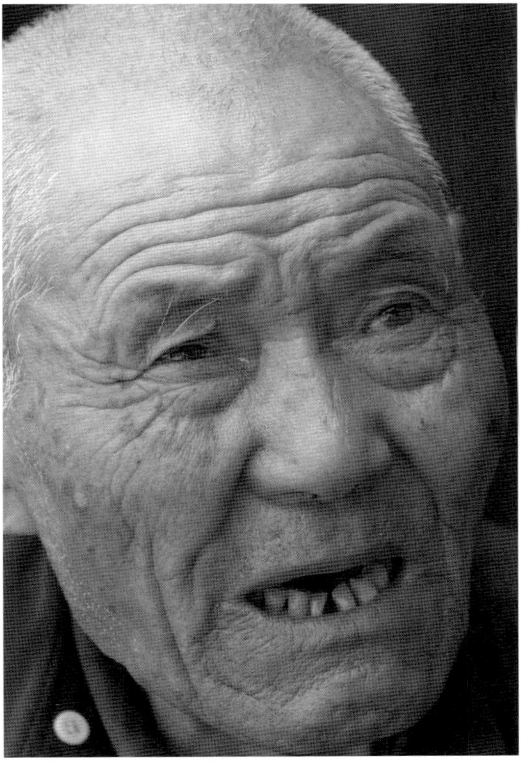

3人の日本人が町から東峁村にやって来て、18歳以上の男女を全部捉まえて、銀貨を1枚出せば服を着たまま帰ってよく、銀貨がなければ服もズボンも全部脱がされ、女ひとりと男ひとりが向かい合わせにされた。

18歳以下は不要で、そのとき私は12歳だったので難を逃れた。現在、この村にもそのときの被害者のひとりが生存している。80歳過ぎの女性だ。彼女はそのとき結婚して7、8日目だったが、その状況に巻き込まれた。

それから、孫《スン》という姓の人が私たちの村に隠れていて、村を出て遠くないところで日本人に遭ってしまった。何をしていると聞かれて、彼は「餅を作っている」といったが、日本人が「日本を打っている」と聞き違えて、彼は即座に殺された。当時は、こんな状況で、金がなければ服も着られなかった。

(2008年5月1日採録)

新しい農村

半年ぶりに坪頭を訪れました。ところが、村の様子がびっくりするほど変わっていたのです。農民たちが刺し殺されて次々投げ落とされたという深い谷はすっかり埋め立てられ、その上に真新しい“住宅群”が、いままさに建設中でした。ヤオトンではなく、「平房」と呼ばれる平たい長屋のような建物です。

虐殺現場に建てられていた記念碑を探したのですが見つかりません。村の人に聞いてようやく探し出したそれは、少し離れた民家の塀の外に、すでに遠い過去と忘れられたかのようにぽつんと立てかけられていました。この村へは離石から2時間ほどかかり、ひと雨降ればやはり交通が難儀するところです。

「こんなところにいったい誰が住むの？」

「村のなかで不便なところに住んでいる人が引っ越して来るのさ」

「だってここは、水がないところでしょう？」

「雨水を集めて共同井戸を掘るんだ」

「仕事は？」

「炭鉱。新しい農村をみんなで建設するんだよ」。

60数年前の陰惨な殺戮現場をそのまま保存することは、いま現在、実際に村で生活している人々にとっては、特別の意味はないかもしれません。明日からの生活により利便性を求めるのはけだし当然のことでしょう。しかし、事件を知る老人たちは次々と亡くなってゆき、記憶をたどるための現場も、ときの移ろいとともにこうしてしだいに姿を消してゆきます。虐殺の谷は3ヵ所あったようですが、そのうちの最も大きな谷が住宅建設のために、隣接する山を崩してすっかり埋め立てられたのです。たった1ヵ所、村の廟だけが、まるでひとつだけ残ったショートケーキのように寂しげに佇んでいましたが、それもいずれ取り壊されるそうです。

“新しい農村”が村人たちに期待通りの新生活を運んでくるとすれば、おそらくは老人たちの記憶も密やかに封印され、やがては彼ら中国人にとっても、“遠い昔のこと”、と色あせた歴史読本の数ページになってしまうのでしょうか？「国辱を忘れるな」と書かれた記念碑がはたして再建されるのかどうか？　私を日本人と知っている村人の数人は、それが冗談だったのかどうか、「あぁあんなもの、もう壊して谷に埋めちゃえばいいんだよ」とまでいったのです。

新住宅建設のお祝いなのか、私がいた3日間、毎晩遅くまで秧歌踊りが開催され、拡声器に乗って賑やかな音楽が谷間にこだましました。私も何度か誘われたのですが、どうしても行く気になれませんでした。彼らが踏む軽やかなステップの下で、107柱の魂は、後代たちの“豊かな暮らし”に微笑を送っているのだろうか？　もしかしたらそっと涙を拭いているのではないか？　と考えるのは、“日本人的”心象なのかもしれないなぁと思いながら。

『1943年旧暦9月29日から10月1日にかけて、日本軍は抗日根拠地の軍民に復讐するために三交、柳林、大武《ダーウー》などの駐屯地から1000余の兵力を結集し、近隣24ヵ村を包囲して、焼き尽くし、奪い尽くし、殺し尽くす三光政策を実行し、各村から連行した107名の民衆をこの地で惨殺した。この国辱を我々は忘れることなく次の世代への警鐘としなければならない。』

（2008年7月3日）

こちらのバスはみな個人経営です。村の誰かが、または共同で20人乗りくらいの小型バスを購入し、村を朝の6時7時に出発して離石か臨県に向かい、夕方3時4時に出発して村に戻る、というパターンで、村から村へというバスはありません。いちおう時間は決まっているのですが、まず席が埋まらないことには出発しないのがフツーです。

今日、離石からの帰りのバスはいつもに増してぎゅうぎゅう詰めでした。というのも、終点の段家塔で結婚式があるそうで、そのときの料理の材料をしこたま買い込んでいる人がいたからです。後部座席を全部占領して、通路にもキャベツやニンジンやニンニク等々、まるで露天市場のようでした。そしてそのうえに自転車を買ったおばちゃんがいて、それも苦心惨憺《さんたん》ののち、なんとか収納してバスは出発しました。

そして、まずは値段を聞きたがる中国人おきまりの会話が始まりました。明らかに新品のその自転車を、彼女は300元で買ったというと、周りの人がそれは高いんじゃないかと口を揃えました。すると彼女はおもむろに、「日本製だから」といったのです。

さひんた

私はびっくりして、目の前50cmに鎮座するブルーの自転車をあらためて見つめました。たしかに胴体のところにひらがなで「さひんた」と書いてあるのです。何を意味するのか？　わかりません。しかし、細かいところを観察してみると、溶接痕がギザギザになっていたり、ペンキの塗りむらがあったりして、とても日本製と認めることはできません。第一、日本製自転車が5000円以下で買えるはずはないのです。もちろん余計なことをいって、彼女の夢と誇りをぶち壊すようなことはしませんでしたが、願わくば、いつまでも故障することなく、「さすが日本製だ」と、みなにほめてもらいたいものだと思います。

おばちゃんと自転車は途中で降りましたが、急勾配の高原に貼りついたその集落を思い浮かべながら、いったい彼女はどこであの自転車に乗るのだろうかと、いまも不思議に思っています。

切り捨てゴメン！

最近になって、ときどき定員オーバーの取締りを見かけるようになりました。バスは個人経営なので、当然ひとりでも余分に乗せたがります。この日も7、8人が立っていました。ところが途中で検問があったのです。対向車線を走るバスが教えてくれたので、運転手が「立っている人、降りて降りて！」と促しました。乗客も慣れたもので、文句もいわずにバスを降り、テクテク進行方向に歩き出しましたが、当然検問をやっているパトカーの前を通るわけです。警官の方も先刻ご承知ですが、とりあえずはバスも止められることなく無事に通過しました。ところがあいにく長い直線道路の途中だったので、警官から見えなくなる位置まで、降りた人たちはずいぶん歩かざるを得ませんでした。そしてようやくカーブを曲がってバスが停車したところ、先のパトカーが追い越してきて、またすぐ前で検問を始めたのです。

バスは仕方なく、またノロノロ走り出しました。そして再び停車したと思ったら、またまたしつこくパトカーがやって来て、「何してるんだ！　早く行かないかっ！」と警官が2人も降りて来たのです。あわてた運転手は「いま、水を足してるとこだから……」と、ラジエーターにちょろちょろ注水を始めました。しかしそんなのはほんの1、2分、そのあいだ警官はじっと見張っていて、その場を立ち去ろうとしないのです。ついに運転手はあきらめました。つまり、歩いていた乗客は、すでに料金も払っていたのに、切り捨てゴメンとなったのです。離石まではまだ10km以上ありました。

これに似たような事態というのは、私の経験からいうと、3回に1回はあるのです。このテの話題だけで、そのうち1冊本を出そうかと思っているくらいですから。

海の見える町

臨県のバスターミナルで時間待ちをしていると、ひとりの男性が、「あなたは日本人でしょう？」といいながら近づいて来ました。私が以前乗ったバスの運転手だったというのです。弟が日本に留学しているので、1度村に遊びに来てほしいと住所をくれたので、私はその薛家坪《シュエジャービン》村に行ってみることにしました。

橋のない湫水河を、じゃぶじゃぶ渡って、下半身ずぶ濡れになって目的の住所についてみると、まさかほんとうに来るとは思っていなかった薛さんがころがり出てきました。思ったとおり、留学という名の出稼ぎで、お父さんが日本から来た手紙と、満開の桜の下で微笑む息子の写真を見せてくれたのですが、そこには浜松市の住所が記されていました。どうやらオートバイの下請工場のようです。

「息子さんから手紙はよく来ますか？」

「ときどき電話がかかるよ」

「日本での生活は順調ですか？」

「ああ、とても楽しいといってるよ」

「そうですか、それはよかった。浜松という町は冬でも暖かくて、とても気候がいいところですよ」

「そうかい。海は見えるんだろうか？」

「海辺の町だから、ちょっと高いところに登れば目の前は全部海です」。

この地方に生まれ育ったフツーの人たちは、生涯海を見ることはありません。彼は家人が持ってきた社会科の教科書を広げて、海の色に取り囲まれた小さな日本地図を、いとおしむようなまなざしでじっと見つめていました。そのときさっと彼の目には、海辺に立ってお父さんに手をふる、かわいい末息子の姿が見えたに違いありません。

黄土高原の“小北京”

イーハーの学生時代の友達が開化《カイフゥア》という村の小学校の先生をしているというのでさっそく行ってきました。

磧口や賀家湾は、臨県の最南部に位置するのですが、開化は最北部にあります。それで行く前にみんなに聞いてみると、「開化へ行くんだって？　あそこはほんとうに田舎でなんにもないビンボーなところだよ」と口を揃えるのです。ところがバスが到着してみると、開化村には10軒ほどの小さな店が並び、食堂まであって、あれっ？　話が違うぞと首をひねりました。

私は職員室にでも泊めてもらうつもりで、シーツまで用意して行ったのですが、6年生担当の張《ジャン》老師の家が改築したばかりで、村いちばんのいい部屋でおまけに83歳のおばあちゃんが一緒に住んでいると聞いて、シメタとばかり、そこでお世話になることにしました。

ところが驚いたことに、去年2万元をかけて改築したヤオトンの屋根には、太陽熱温水器が設置されており、シャワーどころかバスタブまであって、花模様のついた陶器の洗面台には、大きな鏡と2人の娘たちが使うシャンプーや化粧品が並んでいて、ほとんど日本の団地の洗面所の光景と変わりなかったのです。しかも水は井戸から汲み上げているのでタダ、もちろん強烈な太陽熱で24時間温水が使えるのです。もっとも水道があるのは村でも張先生の家だけで、彼が自ら苦心惨憺して工事したのだそうです。水周りの工事は難しいので、はたして何年もつのか？　すでに洗面台の下からチョロチョロ流れ出ている排水を横目に、「先生の家は、まるで黄土高原の“小北京”ですね」と、半分お世辞半分本気で、まずはそつなく到着のあいさつをした私でした。

親日教育

5年生を担当している高《ガオ》老師が、授業で何かしゃべってくれない？というので、3日目の昼過ぎに30人ほどの子どもたちを前に30分ほど話をしました。黒板に字や地図を書いて、身ぶり手ぶりの授業です。

まず黒板に「こんにちわ」「私は日本から来ました」「今日は非常に暑いです」と3つの日本語を書き、日本語で読みました。もちろんみなきょとんとしています。次に、「こんにちわ」は別として、下の2つの日本語の意味を推測してもらいました。中国語では「私→我」「暑→熱」ですが、推測は可能です。「日本、来、今日、非常」は中国語も同じです。結果は思ったとおり、簡単にいい当てることができたのです。がぜん彼らは私の話に乗ってきました。一般に中国人は、日本語が漢字を使う言語であることを知りません。

なぜ日本人は漢字を使うのか？私は「渡来人」と「遣唐使」について、地図を使って簡単に話しました。なにしろド田舎の小学生ですから、日中関係史など、日本の侵略以外に教えられてはいません。自分たちが住んでいる黄河流域を祖の地とする人々の血が、現代の日本人のなかに流れているという話は、彼らにとって新鮮な驚きだったようです。

そして最後におまけとして、テレビ普及のおかげで中国人ならまず誰でも知っている、「バカヤロー」「メシメシ」「ヨシ」の3つの日本語の発音を正す練習をしたのですが、これが子どもたちにもっとも受けたのはいうまでもありません。

一分銭一分貨 イーフォンチェンイーフォンフゥア

中国には「一分銭一分貨」という言葉がありますが、良いものは高く、安いものは悪いという意味です。当然中国人もその意味はよぉ〜〜くわかっているはずです。なのに、なのに、どうしてこう“安かろう悪かろう”に涙しなければならないのでしょう。もちろん、すべてのMade in Chinaが劣悪だといっているわけではありません。日本製品に負けない優良な商品だってたくさんあります。問題は、そういった価格のはる商品は、所得水準の低いこの地方には廻って来ないということなのです。

去年30元で買った電気ストーブからジリジリ異様な音がするようになったので、やっぱり買い替えることにしました。11月ともなると、朝夕はぐっと冷え込みます。今度は高くても安心して使える“ブランドもの”を買おうと思い、財布に300元を入れて離石の電器屋に出かけました。

今年はどうやら扇風機の形をした首をふるのが流行のようです。適当なやつを指差して値段を聞くと「60元」。私はう〜んとうなりました。これは値切れば50元くらいなので、無事に春を迎えられるかどうか、とても心配です。ところが店の人は、私の心をどう読み違えたのか、それとも私の身なりがよほどみすぼらしかったのか、「お客さん、こっちにもっと安いのがありますよ、40元」。……私は黙ってその店を出ました。

けっきょく3軒目の店で、80元のやつを65元で買い、ついでに先日ショートした電気湯わかし器も8元で購入しました。6本目だか7本目だか、もう忘れてしまいましたが、1ヵ月の“使い捨て”電気湯わかし器と思えば、さして高いものではありません。いま新しい電気ストーブは、私の足元で真っ赤な顔をしてゆっくり左右に首をふっています。とにかくこの冬、このひと冬でいいので、Made in Chinaのメンツにかけて頑張ってほしいものです。

電力を返せ！

電気ストーブも買ったし、これで冬が越せるかというと、そ〜んなに甘いものではありません。

まわりにこんなに炭鉱があって、みんな命がけで石炭を掘り出しているというのに、どうしてこんなに毎日毎日停電するのでしょう。村は今日で5日続けて停電しています。しかも決まって夕方6時ごろにブツンッ！　と切れて、夜中の12時近く、ウトウトし出した頃にパッと回復するという、まったく人をバカにした停電の仕方です。きっとどこかの町で突貫土木工事でもやっているのでしょう。大量の電力を必要とするので、こんな“どうでもいい”農村部の電力は情け容赦なく切って捨てられるのです。

5日目の今日は、朝起きたときからずーっと停電で、夕方6時きっかりに来ました。それっとばかりに急いで米を洗って電器釜のスイッチを入れ、電気湯わかし器で湯をわかし、電気調理器で青菜を炒め、あぁ電気はやっぱりありがたいわぁ、とタメ息をついたところで7時きっかり、プッツリと切れ、その後ろうそくの明かりでひとり寂しくご飯を食べました。

暖房も炊事も、すべて電力に頼っている私としては、停電されたらお手上げです。それに比べて村人たちは、薪や石炭を使い、もともと電気にそれほど頼っていないので、この理不尽さが“暴動”につながる気配もなく、毎日こんなにイライラしているのは、この広大な黄土高原中で、もしかしたら私ひとりかもしれません。

薛興達　シュエシンダー（81歳）

坪頭　ピントウ

私たちの村で起こった事件については、あれは1943年の秋だったと思うが、天気は徐々に寒さに向かっていく頃で、畑仕事もほとんど終わっていた。日本人は直接この村にやって来たのではなく、先に焉口《イエコウ》という村などに行ってからここにやって来た。

村人たちがちょうど朝飯を食べたか食べ終わらなかったかというときに、日本軍はやって来て、この村に3日3晩、滞在した。彼らが当時93人の中国人を殺したのを、私は自分の目で見ているが、ただ、この村の人は3、4人で、みな比較的年齢の高い人たちだった。直接殺された人のほかに、そのときは大混乱だったので、逃げるときに転んで踏みつけられて死んだ人もいた。それから、当時80歳くらいの老人が、日本人が油を浪費するのをとがめたところ、彼らに担がれて崖の下に投げ捨てられた。のちにようやく探し出したところ、老人はすでに死んでいた。墜死したのか餓死したのか凍死したのか、それとも恐ろしさのあまりに死んだのかはわからなかった。

そのほかに殺された人は、みないろんな村で捉まって連れて来られた人たちだった。特に、趙家山《ジャオジャーシャン》から連れて来られた2人の子どもは、ほんの10歳前後で、頭髪に子どもの刈り方を残していた。まだ小学校に行っている年齢だったけれど、殺されて山の上に捨てられた。

普通、日本軍は昼間は来ないで、夜になるのを待って寝入りばなにやって来て村人を連れ去った。捉まった人たちはほとんど殺されたけれど、なかには殺されなかった人もいた。例えば、捉まってある場所に閉じ込められたけれど、ちょうど歩哨が居眠りをしていたときに、こっそりと逃げた人もいた。その頃、彼は40代だった。それから、もうひとり捉まって殺されそうになった人がいたが、幸いなことに彼はこの地の地形をよく知っていたので、日本人が彼を崖っぷちに蹲《うずくま》らせたときに、一瞬のスキを見て飛び降り、ちょうど下にあった洞窟に逃げ込んだ。日本人が崖を下りて捜しに来たが、そこは絶好の隠れ場所で、誰にも捜し出すことはできなかった。

彼らが殺したのはみな男だった。それから覚えているのは、彼らが外から帰って来るときには、たくさんの牛、山羊を連れて来て、殺して食べたということだ。民兵が帰って来る頃にもまだ肉はたくさん残っていた。

当時、私は17歳だった。私は家に住む気にはならなかったので、民兵と一緒に外を廻った。当時日本人の歩哨が村を包囲して見張っていて、私の家の向かいの山の上にもあちこちに歩哨がいた。日本人が村に来るときは、いつも夜だった。ときには彼らが連行していくのが男なのか女なのかわからなかった。

当時、日本人はやって来ると、私たちが作った粟や大豆などの食糧をごちゃまぜにして食べられないようにした。彼らは近くにあった石炭を使わずに、村人たちの門や窓枠、箪笥、長持の蓋など、木製のものを何から何まで燃やして自分たちの飯を炊いた。

ある人たちは炭鉱で働いて小金をため、それで食べ物を買って食べた。またある人は地下に隠しておいて、日本人がみつけられなかった分は、食べることができた。日本人の目にとまったものはすべからく台無しにされた。春になっても、村にはほんとうに食べるものがなく、畑に残った野菜、木の根など、みつけたものはなんでも腹に入れて飢えをしのいだ。そのうえ日本軍はいつも私たちの水も台無しにした。毒が投げ入れられているのを恐れて、私たちは水を飲まなかった。彼らは、水甕の中に大小便をして、私たちが飲めないようにした。そのほかの甕も壊された。生活はほんとうに困難だったけれど、私たちにはどうすることもできなかった。

（2007年3月9日採録）

薛念生 シュエニィエンション（72歳）

坪頭 ピントウ

あの頃、石門焉には大きなトーチカがあり、日本人の根拠地となっていて、彼らは3日とあけずに近くの村々を襲った。当時、多くはなかったが“維持村”というのがあった。それは日本人に村人が月々保障金のようなものを払い、金を払った村は勝手に侵犯されることはなかったが、金を払わない村の方が多かった。

ひとりの老人は捉まって肩に針金を通され道案内をさせられて、戻ってから最後には殺された。私の2番目の伯父は日本人に捉まって石門焉に連れて行かれ、200元の銀貨を払って連れ戻した。私の兄嫁も捉まって三交へ連れて行かれたが、やはり金を払って連れ戻した。それも直接自分で行くのではなく、仲介人を通した。たぶん金皮隊だと思うが、日本人は金皮隊を利用した。家人が捉まっても金がない人たちは、親戚や友人をまわって頼み込んで金を借りて連れ戻した。それでも金のない人はどうしようもなかった。

（2007年4月2日採録）

李品象 リィピンシャン（79歳）

田家山 ティエンジャーシャン

日本人が来たときに、3日間労働をさせられたことがあるので、自分の目で見たことはたくさんある。私はまだ子どもだったけれど、伯父のかわりに行った。もしも行かなければひとりにつき毎日3枚の銀貨を払わなければならなかったからだ。私の家の牛も盗まれたし、ヤオトンも燃やされた。村の牛やロバは19頭盗まれ、彼らは牛を売って金に換えていた。私たちの村からは2、30人が連れて行かれ、みな金を払って連れ戻した。金がない人は殺されるしかなかった。

（2007年5月10日採録）

王貽譲　ワンイーラン（78歳）

孫家溝　スンジャーゴウ

孫家溝は駐屯地があった三交から近いので、日本軍はしょっちゅうやって来た。その頃私は14、5歳で、日本軍がトーチカを造営するときに働かされたこともある。日本人のために労働をさせられた人はたくさんいたが、仕事が終わってから、日本人はみなを並ばせて相撲をさせた。1日の労働が終わってみな疲れていたが、それでも日本人は力いっぱいやれといった。やらなければすぐに殴られた。そうやっていつも人々を侮辱していた。

ときには労働者を地面に並べて跪かせ、頭のてっぺんを棍棒で殴った。たくさんの人の頭が破れて血が流れると、日本人はその上にシャベルで土をすくってかけた。相撲をするとき、本気でやって地面に倒れたと思われるときは殴らなかったが、自分からわざと倒れたと見ると、やはり殴った。棒で殴っても頭が破れないと、また殴った。

労働をしているときには日本人の見張りが立っていて、行くときも帰るときもいつも殴られた。ときに、彼らのしゃべっている言葉の意味がわからないと、それでまた殴られた。あのときは私たちの村は“維持村”だったし、“良民証”（通行証）も持っていたが、それでもなおいつも侮辱され、殴られ、罵られた。

（2005年11月9日採録）

武生歧 ウーションチー（85歳）

張家巷 ジャンジャーシァン

この村にやって来た回数はほんとうに多い。ふつうはみな逃げたけれど、一度夜に来たときに逃げ遅れて13人が殺された。あれは、日本人が最初に来たときに、村人が遊撃隊を連れて来て、日本人に手榴弾を投げて爆発させたので、その復讐のために、2度目にやって来たときにたくさんの村人を殺したのだ。耳の聞こえない人たちもいたが、日本人が停まれというのが聞こえないために、けっきょく撃ち殺された。

夜中に逃げるときでも村人は狼を恐れず、ただただ日本人を恐れた。「狼が人を食べようとしても隠れるところはあるが、日本人が人を殺そうとすると隠れることもできず、出遭ってしまえば殺された」と唄った。

香草巷《シァンツァオシァン》のある女性は逃げるときに子どもをさかさまに抱いて、けっきょくその子は窒息死してしまった。

（2007年12月30日採録）

八路軍兵士の戦い

ようやくにして、元八路軍兵士曹汝福《ツァオルーフー》老人から話を聞くことができました。

昨年の3月、当時樊家山に住んでいた私は、村の若者たちと一緒に高家塔という村まで晋劇を観に行きました。町に出た若者たちが大勢戻って来ていて、晋劇を観るというよりは、むしろ毎日が“同窓会”のようなもので、村中がとても賑やかでした。

私もある人の家でお相伴に預かっていると、この村に日本人に腕を切り落とされた元八路軍の兵士がいる、という話を聞いたので、さっそく訪ねてみることにしました。小さな村のことなので、左袖がむなしく垂れ下がった曹老人の姿はすぐにみつかりましたが、私が取材を申し込むと、彼は「日本人に話すことは何もない。写真も撮られたくない」といって、さっさと奥に引っ込んでしまったのです。まさに取りつく島もありませんでした。私はなんのアポもなく突然訪れた非礼を詫びたい気持ちでしたが、おばあちゃんの方はくったくがなく、写真がほしいというのでシャッターを押しました。そしてすぐにそこを辞そうとすると、おばあちゃんがどんぶりいっぱいの紅棗を持って来て、「持っていけ」「いえ、けっこうです」が何度もくり返されたのですが、そこへ突然曹老人が現われて、何もいわずに私の手提げ袋の中にその紅棗をざざーっと入れたのです。一瞬のことでした。

そこで私は不覚にもぼろぼろっと涙を流してしまったのです。曹老人がいきなりやって来た日本人の私を拒否したのなら、それはむしろあたり前のこととして終わったのですが、思いもかけない彼の無骨な優しさに接した瞬間、私はどうしようもなく切なくなってしまったのです。60数年ぶりにずかずかと踏み込んで来た日本人を前に、永遠に消えることはないであろう左腕の痛みと、はるばる遠くから自分を訪ねてきた客人に対するこの地の“もてなし”との間で、彼の心は激しく葛藤したことでしょう。しかし最後にはこの地の習慣に従ったのです。モノで豊かさが計れないというのは百も承知のうえでなお、私たちの日常からは想像を絶するほどにビンボーで不便なこの村で、彼らの“もてなし”が唯一“心”でしかあり得ないことに、私はそのときむしろ哀しみを覚えて泣いたのです。

そして数日後、バイクの後ろに乗って高家塔の隣村へ行く途中、向こうからオート三輪の助手席に乗ってやって来る曹老人とばったり出会いました。私たちはほとんど同時に車から降りて近づき、ごく自然に握手をかわしました。曹老人はニコニコ笑いながら、「帰りにはウチに寄って、今夜は泊まっていきなさい」といったのです。

その後2回彼を訪ねたのですが、折悪しく不在で、その後は機会もなく、今回ようやく1年8ヵ月ぶりに再会できました。

曹夫妻は私の訪問をとても喜んでくれて、まずはお腹がすいたでしょうとインスタントラーメンを作ってくれました。いくら断っても、これも当地の習慣で、遠くから来た客人には粟粥や麺など、まずは食べるものを出すのです。インスタントラーメンはご馳走ではないにしても、客人に出して喜ばれる、“ハイカラ”な食べ物のうちです。

話を聞くうちに、彼が左腕を失くしたのは、嵐県《ランシエン》という北の方の戦場で、日本兵と白兵戦の末、刀で切り落とされたということがわかりました。部隊が壊滅して、300人のなかの6、7人の生き残りのひとりだということですが、ほんとうによく生きて帰って来られたなと思います。当時のこととて、医療も未発達、戦場で一兵卒が斃《たお》れたところで、誰にも顧みられることなく、むなしく野に屍を晒したとしてもまったく不思議ではありません。そして、その白兵戦で睨み合ったにっくき日本兵の次に出会った日本人が私だったのです。この広大な中国で、そして60数年ものときを経て、こういう人たちと出会える不思議な縁を思わずにはいられません。

（2008年11月23日）

曹汝福　ツァオルーフ（84歳）

高家塔　ガオジァーター

私は革命に参加し、日本人と闘った。私は359旅団、賀龍部隊だった。

1940年だったと思うが、あのとき我々は嵐県にいて、ある建物の中で会議を開いていた。日本人に山の上から包囲され、我々は山の下にいて、手も足も出なかった。日本軍には飛行機もあって、我々の頭上を旋回していたので、立ち上がることもできなかった。日本軍の部隊はこちらの倍以上いた。彼らは我々を包囲したが、こちらには武器もなく、ただ手榴弾と牛銃があっただけだ。日本人が使ったのはすべて機関銃で、我々には彼らと闘う力はまったくなかった。包囲されて逃げ道がなく、ただ闘うしかなかった。日本人と刀による白兵戦になり、私の腕はそのときに日本兵に切り落とされ、足もやられた。まだ傷口が残っている。我々はあの頃力もなく、日本人はほんとうに強かった。我々の部隊はほとんど全滅し、農民もたくさん死んだ。全部で300人くらいが死に、生き残ったのはたった7、8人だった。逃げるときはほんとうに恐ろしかった。あわてて谷底に転げ落ち、たくさん血が流れ、頭もぼんやりしてきた。

身近で直接日本人を見たことがあるが、とても恐ろしかった。日本人が着ていた服は八路軍とは違っていて、彼らの服はカーキ色だった。それから銅の帽子を被り、銃を持って、革の靴を履いていた。大きな馬に乗っていた。我々は嵐県に住んでいた頃自分たちで家を作ったが、日本人にすべて焼かれた。私はたんに普通の雑兵でなんの任務もなかったので、戦闘が終わって隊を離れた。私はそのとき20歳で、兵隊になったばかりだった。1947年の土地改革のあとにようやくここに戻ってきたが、それからは日本人を見たことはない。

（2008年11月19日採録）

薛俊昌　シュエジュンチャン（82歳）

段家塔　ドゥアンジャーター

1度石門焉に行ったとき、我々は背中に大きな米の袋を担いで、日本人の服を着て、彼らに食糧を運ぶのを装った。実は、中に食糧は入ってなかった。途中まで行くと、トーチカの中の日本人が荷物を受け取りに下りて来た。このときトーチカは空になった。我々の部隊が機を見て山に登り、トーチカを占領した。荷物を運んだ人間はそれを捨て、刀に持ち替えて彼らと闘った。最後には彼らのうち20数人が死に、我々は7人の日本兵を俘虜にした。班家《バンジャー》村に来たとき、ある日本兵が我々のひとりの耳を咬んで離さなかったので、ただちに刺し殺した。ほかの6人は上部機関に送り届け、そこで処理された。たぶん延安に送られたと思う。

当時、日本人がやって来ると聞くと段家塔の人間はみな隠れた。八路軍が来てからは、山の上で戦闘があったが、しかし、日本人の武器は十分にあり性能も良かったので、我々は撤退するしかなかった。日本人は銃も銃弾も豊富だった。数丁どこかに放置しても気にかけないほどだった。そのうえ我々の部隊の銃弾は少なく、包囲されたらただ刀で闘うしかなかった。戦闘が始まると日本人は団結が強く、丸くひとかたまりになって尻をくっつけ、顔を外に向けて相手方を銃撃した。死ぬときは一緒になって死んだ。

その後、八路軍の勢力が大きくなり、農村で組織された党員、団員が一気に敵に反抗し、全民皆兵の状況になった。ほとんど毎日戦闘があった。ときには、春節の時期ですら戦闘があった。敵との戦闘は、家族で喧嘩をするのと同じように、日常的に発生した。

（2007年11月20日採録）

薛有富　シュエヨウフ（80歳）

厳家塔　イェンジァーター

日本軍が4回目に来たとき、私たちの村では全部で6人が殺された。私の3番目の伯父は逃げ遅れて敵に捉まり、刀で腹を6、7ヵ所刺されて死んだ。敵がいなくなってから、私たちは遺体を運んできてきちんと埋葬した。ほかにひとり、やや精神を病んでいる男がいたが、彼が三交から臨県へ向かっていたとき、ちょうど敵が臨県からやって来て途中で遭遇した。日本人が「お前は誰だ？」と聞くと、彼は「抗日軍人だ」と答えたので、日本人は彼を捉まえて馬の後ろに縛り付け、岐道《チーダオ》から杜家嶺《ドゥジャーリン》まで5里をひきずって殺した。とても残酷だった。それから私は軍に入ることを決意した。

汾陽にいたとき、偵察員が、日本人が収穫期に麦を盗みに来たのを発見した。私たちの部隊がすぐに集合をかけて出発した。日本人は私たちを発見してちりぢりになって逃げ去った。私は当時通信員で、通信を送って戻るときに、麦を背負った3人の敵といきなり出遭った。私は廟の後ろに隠れたが、心のなかで「どうしよう？」と思った。その後、勇気をふり絞って飛び出て「誰だ！　動くな！」と叫んだ。彼らはびっくりして跳び上がった。私は彼らに「銃を放せ！　手を上げろ！　後ろに数歩下がれ！」と命令し、それから武器を接収して大隊へ帰った。

汾陽では基本的に戦闘はおこらなかった。その頃すでに上部から撤退命令が出ていて、日本軍はいくつかのルートに分かれて撤退したからだ。私たちは当時康寧堡《カンニンバオ》にいて、日本軍が撤退するのに遭遇し、戦闘が始まった。双方にかなりの死者が出た。私たちも多くの日本兵を殺した。戦闘が終わってから、私たちは烈士を埋葬した。

それから当時、日本軍にはたくさんの傷病兵がいた。軍が撤退するとき、彼らはどうすることもできずとても恐がったが、私たちは、大丈夫、あなたたちを殺さないといった。

（2007年4月3日採録）

李占奎 リィジャンクイ（80歳）

田家山 ティエンジャーシャン

1942年正月、私は15歳で遊撃隊に参加した。遊撃隊は民兵とは違って、それぞれの地方の地区に所属した一種の武装部隊だった。地区の範囲から出ることはなく、直接日本軍との作戦に参加したことはない。ただ、敵をかく乱し日本人が銃弾を消耗するのを誘導しただけだ。私たちの銃弾は少なかった。

ある夜、私たちは隣村の大柏嶺《ダーバイリン》で会議を終え、私は知り合いの家に泊まった。私たちのうち数人がまだ眠らずにいた頃、突然ある人が日本人が来たと伝えた。私たちのひとりが状況を見ようと外に出たところでばったり日本人に出くわして、身を翻して逃げた。敵は彼に向かって発砲した。私たちは銃声を聞いて荷物をまとめて急いで出発した。見るとたくさんの村人たちで外は混みあっていた。牛を曳いたのや、蒲団を背負った人々がいっせいに前に向かって走っていた。それで私たちも農民たちに混じって逃げた。その日は金皮隊の7人が村の入口で遊撃隊の検問をしていた。彼らの重要な仕事は遊撃隊を捉まえることで、捉まえるとすぐに首をはねた。私たちは灰色の軍服を着ていたが、夜でよく見えなかったし、私は銃を担いでおらず、手榴弾を持っていただけだったので、発見されなかった。銃を担いでいた数人は捉まった。その後、捉まった人たちは力ずくで彼らからのがれて逃げた。私たちはあのときは老楊塔《ラオヤンター》まで逃げ、敵は私たちの村から外へ出ることはなかった。しばらくして、八路軍の大部隊が大柏嶺からやって来て敵を敗走させた。

その後、私は軍に入り、1945年に日本が投降してからも残って、国民党との作戦に参加した。日本人が投降したとき、閻錫山《イェンシーシャン》はひそかに1000名の日本兵を残留させ、太原を守らせた。私は汾陽で国民党の部隊と闘ったが、毎回数日間闘ったのちに撤退した。最後に閻錫山は日本兵を出して闘わせた。私たちも最初はわからなかったが、大砲の音がし、火力も強烈で、武器も先進的なものだったので、いよいよ日本兵が出てきたと知り、それで私たちは懸命に逃げた。

(2007年5月10日採録)

薛景福　シュエジンフ（83歳）

樊家山　ファンジャーシャン

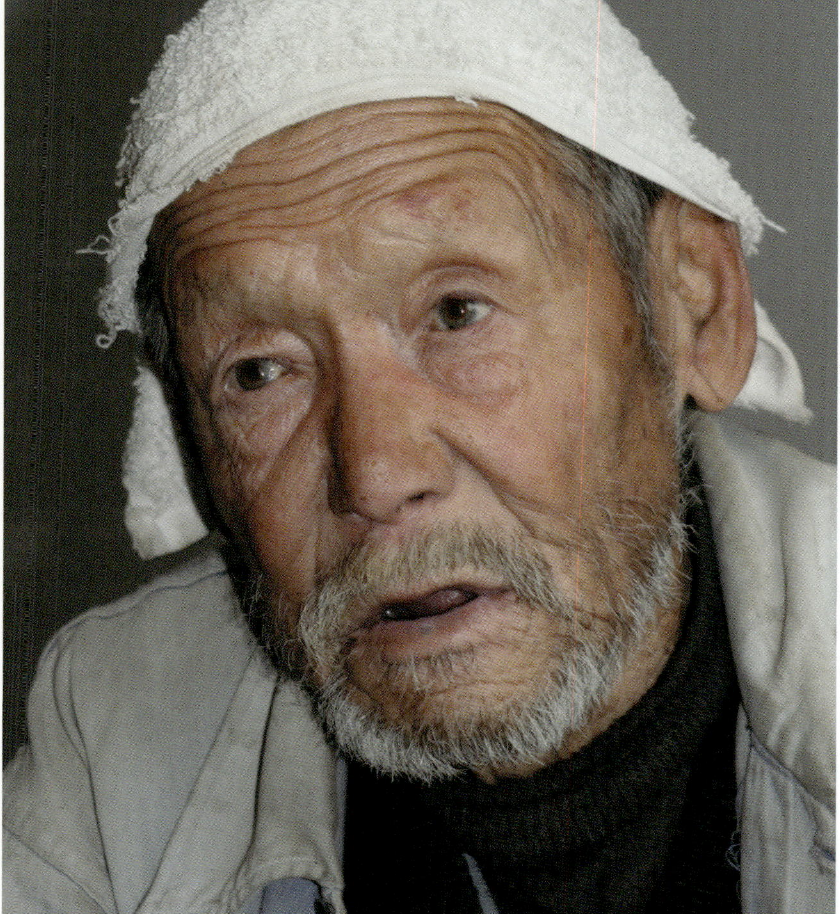

離石の鳳山トーチカを攻めるとき、地雷を解除する任務を申し出たことがあった。もともとはほかの人が行くはずだったが、彼は怖くて全身がぶるぶる震えて行きたがらなかった。それで私は勇気を奮って自分が行きますといった。指揮官は私を立派だとほめて、爆発したらすぐに逃げろといった。私は突撃して地雷を解除した。

そこには7つの地雷と少しの土雷（自分たちで造った地雷の一種）が埋設されていた。除去するや否や我々は一気にトーチカを瓦解させた。このとき中には残兵がいて機銃掃射をしてきた。加えて離石から救援部隊がやって来た。それで私は死んだ人の下になって、死んだふりをして危うく一命をとりとめた。空が明るくなる頃、戦闘は終わった。私の軍では7人が死に、連隊長も犠牲になった。それから軍の上級が私に1週間の休暇を与え、犠牲者を故郷に送り届けるようにいった。連隊長の棺は2匹の白布で覆われ、そのほかの人は1匹の白布で覆われた。その後、ひとつひとつの村を廻って、私はやっとのことで棺を三交県の政府に送り届けた。政府は再び人を用意してそれぞれの棺を故郷に送り、埋葬した。

日本軍と銃撃戦を開始したとき、我々はみな無我夢中で生きるも死ぬも考慮せずがむしゃらに撃った。ときには顔を見合わせる距離で闘った。銃剣で相互に切りかかった。銃剣で闘うのも容易ではなく、日本人と我々中国人とでは銃剣の使い方も同じではなかった。日本軍は軽機関銃、重機関銃、山砲まであった。

太原を攻めるときも困難を極めたが、みながいうように、日本兵は“山が崩れるように”敗走した。その後、柳林に駐留していた日本軍の部隊が撤退するときなど、山の上で我々の3、4人が大声で叫ぶだけで、300〜400人の日本人はただちに動けなくなった。

（2007年11月11日採録）

賀家湾 ハージャーワン

賀家湾に引っ越して10ヵ月になりました。最初にこの村を訪れたのは、2006年の3月ですから、ちょうど3年です。最近では、「もう日本に帰らなくてもいいから、ずっとここに住みなよ」といってくれる村人もひとりやふたりではありません。人口600人ほどのこの村で、私を知らない人はほとんどいないくらい“有名人”になってしまったのですが、それには理由があるのです。

1943年の旧暦12月、この村の壕で273人の村人が日本軍に惨殺されるという事件があり、その後初めて村を訪れた日本人が私だったからです。臨県では、この賀家湾事件というのが最も被害が大きく酸鼻を極めた事件として、俗謡にも歌われ、村人の誰もが名前を知るところです。私もこの地に来た当初からだいたいの話は聞いてはいました。それでいつかはその村に“住んで”、老人たちから話を聞きたいと考え、そしてそれが終わったら、私の“旅”にいったんの区切りをつけようと考えていました。しかしなかなか足が運びづらかったのですが、そこへちょうど隣村の樊家山で小学校の先生をしていた張老師が現われたのです。

それで私は2006年3月、樊家山に引っ越しました。そしてすぐに張老師と、同じヤオトンに住むことになった郭老師と3人で賀家湾に出かけたのです。そのときには、道で出会った77歳の老人に壕まで案内してもらい、当時の状況を聞きました。老人はときどき悲痛な表情を見せましたが、同時にあまりに昔のことで、突然聞かれても思い出せない、といったとまどいの表情の方が多かったようにも感じました。

ところで、私はこのときは自分が日本人であるとは名乗っていません。聞かれれば答えたでしょうが、2人の中国人が一緒だったので、村人も私のことは特に目に入らなかったようで、誰にも問われることはありませんでした。

2週間後に、焼いた写真を持って、今度はひとりで賀家湾に向い、そのときには日本人であることを告げました。近くにいた数人の中年の男たちが、「なにっ!!　日本人!?」と、一瞬声を荒げましたが、そういうのはこのときの1度だけでした。その日から私の賀家湾通いは始まったのです。

カメラ、ビデオに三脚等々を担いで山道をえっちらおっちら上り下りする姿は、やはり村人の目に留まったと思います。じきにみなに知られるようになって、「ちょっと休んでいきなよ」「のどが渇いているでしょ」と声をかけられるようになりました。

私はこの3年の間に、村で70代後半を越えるほぼすべての老人から話を聞きました。他村に嫁いだ女性、また、隣村の樊家山の老人からも取材しています。しかし、すでに事件は65年も昔のことであり、平均寿命の短いこの地では、当時の記憶を鮮明にもつ人を捜しあてるのは容易なことではありませんでした。いうまでもなく、最も語るべき言葉をもつはずの当事者たちは、すべて壕の中で亡くなっているのです。

それでも幸いなことに、“最後の生き証人”ともいうべき賀登科老人からは3回取材することができました。彼はこの村の民兵の隊長だった人で、当時20歳、事件の経緯をもっともよく知る人のひとりだったのです。取材だけではなく、村のなかで何度も何度も顔を合わせ、言葉はよく通じないながらも、あいさつを交わし、好物の酒をぶら下げては、たびたび彼のヤオトンも訪ねました。3回目の取材は昨年の6月だったのですが、帰り際に彼は、「まだもうちょっと話すことがあるから、もう1度来なさい」といったのですが、その“もうちょっと話すこと”がいったいどういう話だったのか、それはついに聞くことはできませんでした。それから半年もしないうちに亡くなったのです。これでもう、あの事件の全容について、自らの経験を通して語ることができる人は、永遠にいなくなってしまいました。

壕はいまでも当時のままの状態で残っています。ちょうど民家の密集したあたりにあり、私が最初に訪れたときは、すぐ横に小学校がありました。いまは別の場所に移転しましたが、子どもたちはいったいどんな思いで、ぽっかりと口を開けた暗闇の、その先を見つめたのでしょうか？

私はいまもときどき壕の前に立ちます。夏ともなれば、まるで侵入者を拒絶するかのように雑草が腰の高さまで生い茂り、慰霊碑ひとつない、荒れるにまかせた壕の前で、私はどんなかたちで、自分の“旅”に区切りをつけたらいいのかと、考え続けています。

（2009年3月1日）

葬儀カメラマン

村のなかをぶらぶらしていたら、「今朝方、賀登科が死んだよ」というニュースが飛び込んできました。つい1週間ほど前、いつもの穏やかな表情を見かけたばかりなのに、こんなに突然逝ってしまうなんて信じられません。おくやみにかけつけると、親族の人たちがあわただしく動き回っていました。風水師が決めたので、明日葬儀だというのです。この地では、普通は亡くなって1週間から2週間後に葬儀が行なわれます。そこで急遽、ビデオカメラは私が廻すことになりました。最近は、葬儀の全工程を、写真館のプロに撮ってもらうのが流行なのです。

この地に暮らして3年半、私は葬儀の写真やビデオは、ほんとうに何回も撮っています。最初の頃は、親しい人を亡くして喪に沈んでいる人たちに、レンズを向けるのは失礼ではないか？　という思いが強く、とうぜん遠慮が先にたちました。ましてや、遺体や棺にレンズを向けるなんて。ところが、私たち日本人にとってはあたり前の価値観が、ここでは違っていたのです。

写真に、できることなら（高いお金を払って）映像に残して、のちにみんなで死者を偲びたい、という思いがとても強いのです。また、葬儀にいくらのお金をかけるかというのは、その家の、つまり亡くなった人の子や孫がどれだけ“出世”したかのバロメーターであり、立派な葬儀であればあるほど、それを記録に残してみんなに“自慢”したいのです。もっとも、そういった“派手”な葬儀が行なわれるのは、あくまで“天寿をまっとう”した老人の場合で、若くして亡くなった人や不慮の死の場合は、身内だけでささやかに行なわれます。

賀老人の葬儀はとても立派なものでした。私は彼の遺体が棺に収められるときから、墓室に収められるまで、6時間ほどのテープを廻し、のちに3枚のDVDに焼いて渡しました。

そして、「じいちゃん、ばあちゃんが死んだときは、私がビデオに撮ってあげるからね」と約束している老人が、実は何人もいるのです。彼らが日本人の私に、“最後のとき”を安心して託してくれることを、私はちょっと誇りに思っています。

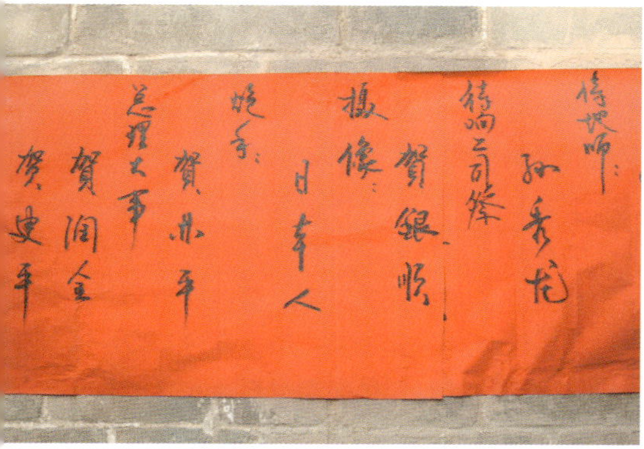

葬儀の役割分担を書いた紙が貼り出されます。「日本人」というのが私の通称

日が暮れると祭壇は電飾で飾られます

埋葬は男だけで行なわれ、女たちは傍らで見守ります

故人のひ孫は紅帽子を被ります

墓を掘る

「墓を掘る」というと、日本ならもうどうしようもなく暗〜いおどろおどろしいイメージしかわかないと思うのですが、こちらでは暗いイメージはまったくありませんでした。これまでに葬儀は何度も見たことがあるのですが、実際に墓を掘る現場をつぶさに見たことはないので、今回、大長《ダージャン》という村で、私が以前取材したことがあるおばあちゃんの墓を掘るのを見せてもらいました。

午前8時30分、4人の墓掘り人が出発します。同じ村の人なので報酬はなし。おたがいさまのことだから、ということだそうです。墓の場所は風水師が決めるので、ある日突然自分の畑に他人の墓が掘られるわけですが、それもおたがいさま、事前にひと声かければいいだけで、金品を渡すということはないそうです。

私は日没前、ほぼ完成した段階で墓室の中に入れてもらいました。

翌朝棺がおさめられたところ

墓銘碑というものはいっさいありません

中はちょうど棺が入る大きさで、高さは人間が座って頭がつかえる程度。懐中電灯で照らしてみると、天井はカーブしていて、ヤオトンの造りとまったく同じなのです。しかもきれいに丁寧に削られていて、いかにも生きている人間と同じような生活空間が死者のために用意され、生きている人の死者への優しさ、思いやりがしみじみ伝わってくるような空間でした。作業しているふたりのおっちゃんと3人で、「とてもきれいな部屋だね。こんな部屋なら今夜一晩泊まってもいいよ」「生きてる日本人が入ったのはきっと初めてだよ」などと冗談をいいあいながら、しばし黄土高原の“死後の世界”を想像してみました。

風雨にあたって徐々に土盛りは小さくなり、やがて大地と一体化します

老天使の微笑み

このおばあちゃんは、賀家湾の李貴蘭《リィグイラン》、今年87歳になります。この写真を撮ったのは、2006年の5月、村の最高齢者のひとり、老公の賀尚昌老人の取材に行ったときでした。彼は事件当時、壕から犠牲者の遺体を担ぎ出す作業をとりまとめた人ですが、数年前に脳梗塞を患って以降、記憶の方もとぎれがちでした。それでおばあちゃんの方に矛先を向けてみたのですが、すると彼女は急に苦しそうな表情になって、「私は恐ろしかったので、壕には行ってないから……」と口をつぐんだのです。それはいかにも、そのときの光景を思い出すのは、あまりに残酷で言葉にできない、といった風情だったので、取材はあきらめました。

それからも、私はおばあちゃんのこの笑顔が見たいために、何度も彼女の家を訪ねました。賀家湾に引っ越してからは、ときどきおばあちゃんの方からも私を訪ねてくれます。ただし、村を一歩も出たことがないという彼女の方言を、私は聞き取ることができず、私たちの間に、言葉によるコミュニケーションは、ほとんど成立しません。私たちは炕の上に並んで座り、おばあちゃんはいつもの笑顔で何ごとかを私に語りかけ、私は彼女の手をとってとにかくウンウンとうなづき、ときには日本の飴をなめながら、ときには紅棗の実をかじりながら、心やすらぐひとときを過ごすのです。

紅！　紅！　紅！

「紅」は「あか」と読んでください。中国語で赤い色を表すには「紅」を使い、「赤」という字は使いません。

いまさらいうまでもないですが、中国人に最も好かれる色、使われる色は、ダントツに紅。おめでたい色は紅。とりわけ田舎の結婚式はまっかっかになります。花嫁衣裳はもちろん紅。葬儀だって、故人のひ孫は紅い帽子を被ります。それだけ長生きをした証拠だからおめでたいのです。また、魔除け厄除けも紅。棺も紅い布で覆われ、白い葬衣に紅いリボンをつけ、妊婦は紅いヒモを腰に巻いたりします。

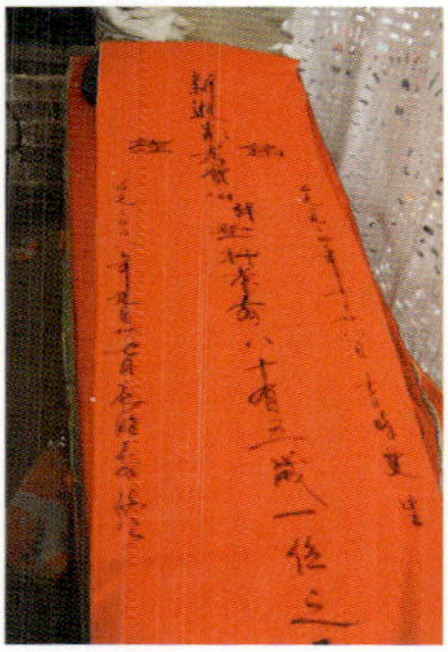

お寺や廟の壁や柱も紅。下がっている提灯や幕も紅。おみくじも紅。

役場からのお知らせも、紅い紙に墨で書いて貼り出されます。

1年でいちばんおめでたい春節は、お祝いの獅子舞の衣装も紅。とにかく村中、町中、どこに行っても紅で彩られるのですが、それがこの黄色い大地にはとてもよく似合っているのです。

賀登科 ハーダンカー（85歳）

賀家湾 ハージャーワン

1943年腊月《ラーユエ》（農暦12月）20日、村の壕の中で273人が燻《いぶ》し殺された。日本人は腊月18日の晩に賀家湾にやって来て、19日は村に留まった。19日の夜間に火をつけて、20日に事件が起こって、翌朝いなくなった。

事件発生の前、数人の民兵が日本人の後方で手榴弾を投げ、村人たちと一緒に壕の中に逃げて隠れた。日本人が出て来いと叫んだが、殺されるのを恐れて誰も壕から出なかった。出てくるはずがなかった。けっきょく惨劇に繋がった。ただし、そのときは誰ひとりとして、日本人がすべての人を殺してしまうとは考えなかった。

日本人は、壕の入口に大きな石炭の塊を積んで、その上に綿花と唐辛子をのせて火を放ち、風車を使って中に煙を送り込んだのだ。

その壕は普通の壕ではなく、もともと村の小学校の教室として使われていたもので、壁の下のほうにも小さな入口があった。そこへ身をかがめて入っていくと、大小のいろんなトンネルに通じていて、ずいぶん遠くまで行くことができた。昔の人がここを造ったのは、やはり戦争のときに村人が隠れるためのものだった。

私は16歳で民兵になって、当時は隊長だったので、壕に隠れた民兵たちの名前もみな覚えている。十数軒の家では家族全員が死んだ。このあたりで2軒、あっちの方で3軒、家族全員が死んで家系が途絶えた。私の家族では2人の叔母、姉、2人の甥、祖父の6人が死んだ。当時、私は炭鉱で働いていたので、坑道に逃げていて難を逃れた。

日本人は壕を焼いてのち、空が明るくなった頃にいなくなった。彼らがいなくなったのを知って、私たちは急いで村に帰った。壕を焼いたその夜、私たちは向かいの山の上で炎が空を焦がし、黒煙がもうもうとたちこめるのを見ていたので、村人のなかにはすでに悪い予感があった。「大変だ、何か悪いことが起こった」と。

日本兵は去った。しかし、まったく幸運にも難を逃れた私たちのような生き残りの最初の仕事は、壕の中に入って犠牲になった人々の遺体を担ぎ出すことだった。しかし2日目にはあまりの恐ろしい様子に誰もやらなくなった。それからはどうしようもなくなって、死んだ人の家の家財を売って金にかえ、金を払って外に運び出してもらった。ひとり運び出すのに1枚の銀貨を払った。そして親族や近所の人たちが助け合って埋めた。1日目は付近の村からたくさんの人が様子を見に来たが、2日目には誰も来なくなった。死んだ人の様子があまりに無残で恐

ろしかったからだ。殺された人の様子はすっかり変わっていた。被害者は全部炭のように真っ黒で、身体中ぱんぱんに腫れ上がり、眼球は全部顔の外にぶら下がっていて、とても見るに耐えられなかった。最後には、大人と子どもの死体が、すべての家々の庭や屋根に並べられた。

あのときは死んだ人が多くて、そんなにたくさんの棺が用意できず、金がある人は買い、ない人はそのまま埋葬した。ある一家はひとつの棺の4枚の板をはがして、1枚の板にひとりを乗せて、穴の中に埋葬した。ある家ではひとつの穴に何人も埋葬した。子どもは全部谷に投げ捨てた。そのあととても臭って、ここらを通る人はみな廻り道をした。

これ以外のときにも日本人はやって来ていた。1943年の5月だったと思うが、数人が銃で撃たれた。一番残酷だったのは、日本人が炭鉱で使う鉄のつるはしでひとりの頭を叩き割ったときだった。あのときは、その男に村の幹部が誰で、民兵がどこにいるかをいわせようとしたが、彼は頑として口を割らなかったので、残酷な殺され方をした。彼は当時ここの炭鉱で働いていた。またほかのひとりはまだ18、9歳で、一瞬で首を切り落とされた。

あの頃、彼ら日本人にとって、殺人はほんの娯楽だった。ほんとうに残酷だった。すでに64年もたったが、あのときの惨劇は、私の一生に最大の精神的傷痕と苦悩を与えた。当時私は20歳だった。

（2008年6月17日採録）

※2008年11月死亡

賀応奇 ハーインチー（69歳）

賀家湾 ハージャーワン

壕が焼かれたとき私はまだ5歳だった。私の家では9人が死んだ。20代だった母親、2歳だった妹、2番目の伯父、伯母たちだ。私は磧口に行っていたので無事だった。事件があったあの日、ちょうど1軒の家で結婚式があった。新郎新婦と親族も全部壕の中で窒息死した。あとで数えてみたら全部で273人が死んだ。そのなかには磧口や樊家山、招賢の人もいた。ある人は親戚を訪ね、ある人は日本人が来たと聞いて、隠れるためにここにやって来た。

埋葬には棺材が不足し、7、8人が死んだ家ではそんなにたくさんの棺材が買えるわけもなく、それらしい木片を用意して遺体を乗せ、穴を掘って埋葬した。

覚えているのは、当時狼が多かったことだ。太陽がまだ山に落ちる前に、門を閉じて外には出なかった。谷に投げた子どもの死体は、おそらくすべて狼に食べられただろう。

（2006年4月22日採録）

賀丕池 ハーピーチィ

(73歳)

賀家湾 ハージャーワン

5歳で父が死に、その年の2月に母も死んで、日本人が村の壕を焼いたときすでに私たち兄弟は孤児だった。私はそのとき10歳で、7歳の妹が壕で死んだ。私は別の村にいて、翌日家に帰ったが、すでに死体はなかった。子どもの死体は崖から捨てられて、夜になると狼や野犬が食べた。あの事件のあとに狼が多く出没するようになった。その後、私たち3兄弟は鉄くずを拾ったり、炭鉱で働いたりして、自分たちで生活した。

(2006年4月29日採録)

事件があった壕の入口

あとがき―老天使たちの住む村で

2005年6月、まるで老人たちに呼び寄せられるようにしてこの地に暮らしはじめて、4たびの夏と冬を数え、この間、私は90を超える村々を訪ねて、270人の老人たちから話を聞くことができました。

当初私には、徒手空拳の身で“三光作戦”の村にぶらりとやって来た日本人の私を、村人たちは果たして受け入れてくれるだろうか？　という不安がありました。いわば“石もて追われ”る事態もあるかもしれないと覚悟して北京を後にしたのです。ところが、それがまったくの杞憂であったばかりでなく、私はほとんどどの村に行っても、「遠いところをよく来てくれた」と、まるで“老いた天使たち”かと思われるような、純粋で無欲なたくさんの笑顔に迎え入れられました。「戦後初めて会う日本人の私に、なぜ彼らは罵声のひとつも浴びせないのだろう？」といぶかった自分の心を、私はむしろ羞恥したのです。

そんな老天使たちの村々を訪ねて、彼らから話を聞いているうちに、私はひとつのことに気づきました。それは彼らが持つ「記憶する力」の強さです。むろん、すでに60年以上前のことですから、文章化するのが困難な記憶もあり、あるいは断片的な記憶しか語れない老人もいました。しかし、多くの老人が、実に細部にわたって、当時のことを鮮明に覚えていて、こちらがびっくりさせられることがたびたびだったのです。やがて、彼らと生活空間をともにするなかで私が理解できたことは、彼らは、日常生活の些事から共同体の約束事、村の歴史に至るまで、すべてを自らの脳の細胞にひとつひとつ刻み込むことによって記録しているということでした。私たちが普通するように、ペンを持って紙に記録しているわけではないのです。

実をいうと、4年近くもの間この地で日中戦争時代の記憶を聞き取る作業をしてきて、私の思いは最初の頃とはかなり違ってきています。最初の頃は、“日本人”のひとりとして、彼らの記憶を聞き取り、“三光作戦”とはなんだったのかを考えることは、やはり「戦後責任」に関わる問題だったといっていいと思います。しかし、ひとりあたり平均年収1000元といわれる“貧しい”村々で、村人たちと酷寒酷暑をともにし、同じ屋根の下、同じ井戸の水を汲みながら、多くの老天使たちと出会うなかで、私が日本人であるということは、以前ほど重要なことではなくなってきたのです。

私が出会った老人たちのほとんどは字が書けません。いま誰かが記録に残さない限り、“名もなき”農民たちの無数の記憶は、いずれ“なかったこと”として、歴史の闇に葬り去られることでしょう。実際に、ある日突然、彼らの記憶が絶対の闇のなかに瞬時に折りたたまれてゆくその時を、私は自分自身の目で何度も見てきました。平均寿命のきわめて短いこの地で、わずかに残された最後の記憶にであうことができた私の幸運を感謝せずにはおれません。

*

取材方法は、少なくとも第1回目の取材は、必ず現地の人と一緒に行きました。この地の方言は、例えば北京から来た中国人でも80%が聞き取れないというほどに強く、私にとってはもうひとつの外国語です。とりわけ老人たちの話す言葉は、いまもってほとんど聞き取ることができません。しかしそれ以上に信頼性の問題があり、現地の人とともに訪れることは必要不可欠な条件でした。多くの村人たちの協力を得ることができましたが、それは小中学校の先生であったり、村医者だったり、雑貨屋の主人や炭鉱労働者や元人民解放軍兵士だったりとさまざまでした。

まずは老人たちに、私が個人の資格でやって来た日本人であり、老人たちの戦争中の記憶を記録して文字に残したいということを伝え、「日本人が来た頃のことで、覚えていることをなんでもいいから話してほしい」と伝えて、あとはまったく自由に話してもらいました。

次には録音したテープを、現地の人に、標準語に文章化するという作業をしてもらいました。ただし、村のなかでこの作業ができる人を見つけ出すことはきわめて難しく、北京、西安で学ぶ、当地出身の大学生にも協力をお願いしました。正確を期すために、それぞれ2人の人に翻訳してもらっていますが、そこから日本語に翻訳するという二重の作業をしているため、どうしても実際の老人たちの言葉の持つ、生き生きとした、細やかな表現までは翻訳しきれないという難点があります。しかし幸いにして、ほとんどの人をビデオカメラで撮影しているので、いずれ機会があれば、映像にまとめたいと考えています。

老人たちに複数回取材するためには、まずは標準語への翻訳を待たねばならないのですが、その翻訳原稿が私の手元に届くまでには、だいたい数ヵ月かかります。それを読んで再度取材に出かけると、すでに1年を経過していたということも珍しくなく、老人たちは確実に老い、あるいは、すでに亡くなっていたというケースも少なくありませんでした。もっと“確実に、効率よく”取材する方法を選択することも可能ではありましたが、私はあえてその道をとりませんでした。彼らが過去の記憶を日本人の私に語っているのは、まぎれもなく2007年、2008年のいまであり、いまを生きている彼らの暮らしと、そこを流れ続ける時間に、なるべく自分自身の感性を寄り添わせたいと考えていたからです。

また、取材した老人たちの写真を大きく引き伸ばして彼らに届けるという重要な仕事もありました。都市まで行って写真を焼き、それを彼らに届けるためには、取材に要したのと同じくらいの時間が必要になるわけですが、わずか数枚の写真を受け取るときの彼らのほんとうに嬉しそうな笑顔を見ることは、私にとっても何ものにも代えがたい喜びでした。

*

この本は、私が磧口に到着した日から書き始めたブログのなかから抜粋して一部手を加えたものです。「老人たちの記憶」の部分は最小限にとどめ、むしろ、私がどのように村にとけこみ、どのように彼らと向き合い、村人たちがそれにどう応えてくれたかということを中心にまとめました。聞き取った記憶の詳細は、いずれあらためて1冊にまとめたいと思っています。

私は一昨年、東京をスタートに、全国8ヵ所で老人たちの写真展を開催することができました。実際の作業を担ってくれた多くが20代の若者たちであり、高校生が中心になった会場もありました。展覧会のあとに、何冊かの感想ノートが残されたのですが、そのなかで私の印象に強く残ったのは、（これまで知らされなかった戦争加害の事実を知って）「では、私たちはどうすればいいの？」「私たちに何かできるの？」という問いでした。この本がこれらの問いに対する私の応えになればという思いを込めて出版するものです。

2009年4月20日

賀家湾にて　大野のり子

著者略歴
大野のり子（おおののりこ）
1947年愛知県生まれ。
2005年より中国黄土高原にて老人たちの記憶を聞き取りながら生活している。
信濃むつみ高等学校スタッフ。

記憶にであう——中国黄土高原　紅棗《なつめ》がみのる村から

2009年5月20日初版発行
定価（本体1500円＋税）

著者——大野のり子
発行者——西谷能英
発行所——株式会社 未來社
〒112-0002東京都文京区小石川3-7-2
電話03-3814-5521
振替00170-3-87385
http://www.miraisha.co.jp/
e-mail:info@miraisha.co.jp
印刷・製本——萩原印刷

ISBN978-4-624-11202-8　C0022